Peter N. Papageorgiou

Kritische und paläographische Beiträge zu den alten

Sophokles-Scholien

Peter N. Papageorgiou

Kritische und paläographische Beiträge zu den alten Sophokles-Scholien

ISBN/EAN: 9783743409002

Hergestellt in Europa, USA, Kanada, Australien, Japan

Cover: Foto ©ninafisch / pixelio.de

Manufactured and distributed by brebook publishing software
(www.brebook.com)

Peter N. Papageorgiou

Kritische und paläographische Beiträge zu den alten Sophokles-Scholien

AUTHOR:

PAPAGEORGIOS, PETROS N.

TITLE:

KRITISCHE UND PALAOGRAPHISCHE...

PLACE:

LEIPZIG

DATE:

1881

Master Negative #

93-81265-23

COLUMBIA UNIVERSITY LIBRARIES
PRESERVATION DEPARTMENT

BIBLIOGRAPHIC MICROFORM TARGET

Original Material as Filmed - Existing Bibliographic Record

 Papageorgios, Petros N.
Kritische und paläographische beiträge zu den alten Sophokles-scholien... Leipzig, Teubner, 1881.
96 p. 22½ cm.

 ~~Copy in Classics Reading Room.~~

Restrictions on Use:

TECHNICAL MICROFORM DATA

FILM SIZE: 35mm REDUCTION RATIO: 11x
IMAGE PLACEMENT: IA (IIA) IB IIB
DATE FILMED: 4/20/93 INITIALS MCY
FILMED BY: RESEARCH PUBLICATIONS, INC WOODBRIDGE, CT

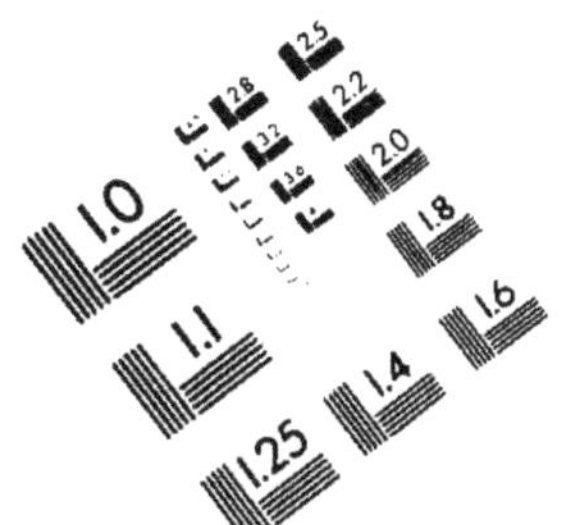

AIIM

Association for Information and Image Management

1100 Wayne Avenue, Suite 1100
Silver Spring, Maryland 20910
301 587 8202

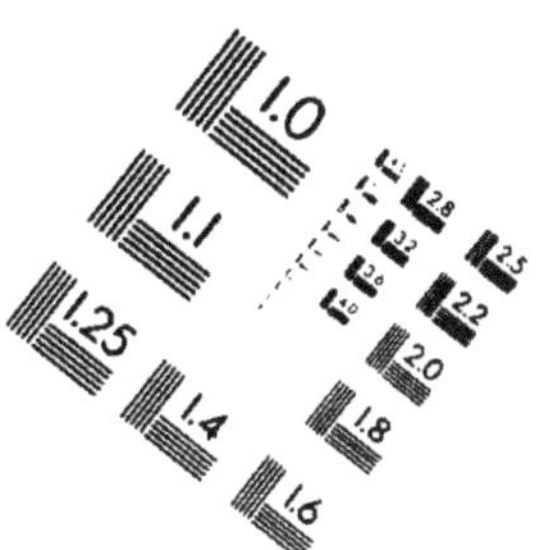

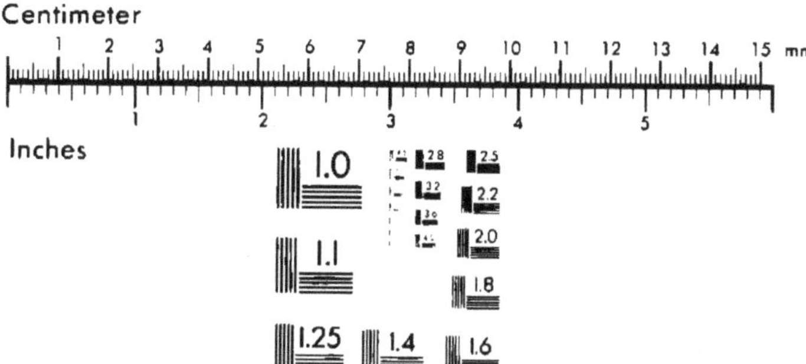

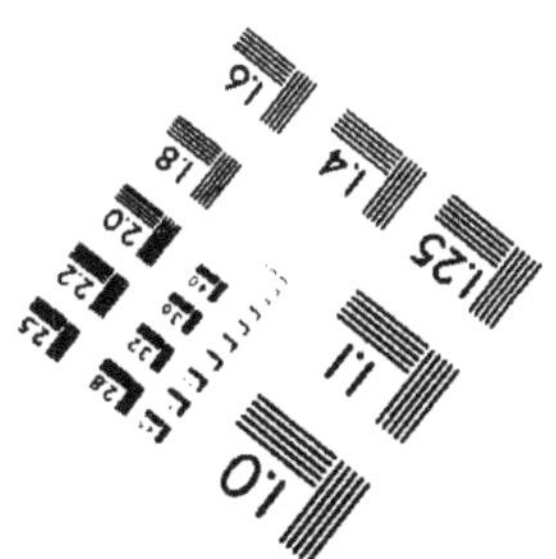

MANUFACTURED TO AIIM STANDARDS
BY APPLIED IMAGE, INC.

KRITISCHE

UND

PALÄOGRAPHISCHE BEITRÄGE

ZU

DEN ALTEN SOPHOKLES-SCHOLIEN

VON

PETER N. PAPPAGEORG.

LEIPZIG,
DRUCK UND VERLAG VON B. G. TEUBNER.
1881.

KRITISCHE

UND

PALÄOGRAPHISCHE BEITRÄGE

ZU

DEN ALTEN SOPHOKLES-SCHOLIEN

VON

PETER N. PAPPAGEORG.

LEIPZIG,
DRUCK UND VERLAG VON B. G. TEUBNER.
1881.

1.

Das Bedürfniss einer neuen, unserer Zeit würdigen, Ausgabe der alten Scholien zum Sophokles tritt von Tag zu Tag dringender hervor; die Ausgabe von Elmsley (Oxon. 1825), auf welche man noch immer angewiesen ist, wimmelt von so vielen Fehlern und Irrthümern, dass ihr Gebrauch dadurch im höchsten Grade erschwert wird. Die Geschichte derselben ist uns aus den Mittheilungen bekannt, welche Gaisford, der den Druck besorgte, in seiner *Praef.* S. V und VI giebt: Petrus — Elmsleius — Florentiae agens circa initium anni 1820, codicem Laurentianum XXXII, 9 diligenter pervolvit, scholiaque marginalia summa cum fide exinde descripsit —. In patriam redux ad edendum se accinxit, neque ultra paginam 64 est progressus. Primo enim rei molestae taedium eum cepit, deinde morbus in dies magis magisque ingravescens vires adeo fregit ac labefactavit, ut tanto operi exsequendo omnino impar esset. Itaque paucis ante eius obitum septimanis — inter alios sermones iniecta est a me mentio scholiastae inchoati: — Quibus consiliis meis laete admodum assensus est: et — statim fidei meae commisit apographum Florentini codicis, etc. Das Bestreben Elmsleys war, wie Gaisford fortführt: verba optimi — codicis summa cum religione repraesentare: ita ut ne manifesta quidem scripturae vitia praeteriret, saltem in annotationibus ad calcem uniuscuiusque paginae subiectis commemoraret. Annotationes istas brevissimas esse voluit: nec quicquam amplius meditatus videtur, quam ut discrepantias libri archetypi, editionum Romanae et Brunckianae, nonnunquam etiam recensionis Triclinianae, proponeret.

Auf die Anführung der Abweichungen beider obengenannten Ausgaben wird der zukünftige Herausgeber jedoch verzichten müssen; denn die Zahl der Stellen, die durch jene emendirt worden, ist sehr gering; der Unterschied besteht durchgehend entweder in willkürlichen Versetzungen einzelner Sätze und Scholien und Auslassungen derselben, oder in παραδιορθώσεις und starken Interpolationen aus andern Codices, die zur Herstellung des corrupten

Textes ganz unbrauchbar sind; ich will deshalb über diese Ausgaben kein Wort weiter verlieren und zu der Elmsleiana übergehen.

Die Mängel derselben kann man, wenn man von den kleineren zu den grösseren übergehen will, etwa in folgende Classen eintheilen.

A) Die Ausgabe ist entstellt durch eine grosse Zahl von Nachlässigkeiten und Flüchtigkeiten in der Schreibung der einzelnen Wörter; die Annahme, dieselben könnten vielleicht alle Druckfehler sein, wird dadurch unwahrscheinlich, dass Dindorf in dem 27 Jahre später ebenfalls in Oxford erschienenen zweiten Bande der Scholien, von dem weiter unten die Rede sein wird, nicht unterlassen hat, viele von denselben zu berichtigen, ohne die Bemerkung, dass die von ihm hergestellte Lesart im Codex stehe, wie es an vielen anderen Stellen der Fall ist (Schol. Oed. Tyr. v. 820, 2. Trach. v. 266, 8. 12 etc.) oder, dass dieser oder jener Fehler ein *typothetae error* sei (Schol. Oed. auf Kol. v. 91, 11. 875. Antig. v. 133. 971. Trach. v. 28, 3. 1261, 3. Ai. v. 946, 3. Elektr. v. 411, 3 u. s. w.); so hat denn Dindorf im Schol. Oed. Tyr. v. 151, 2 *πρεσβῦταί τινες* st. *πρεσβῦται τινές*, Oed. auf Kol. v. 473, 2 *προτομῶν* st. *προτόμων*, Antig. v. 672 *ἀπειθείας* st. *ἀπιθείας*, Trach. v. 105 *Ἀλκυόνα* st. *Ἀλκυόνην* u. a. corrigirt; vgl. ausserdem Oed. Tyr. v. 1438, 2 (*ἐπανέρεσθαι*), v. 1472, 3 (*ἐξένεγκεν*) etc.

B) Was die Interpunktion betrifft, so herrscht in der Ausgabe eine so grosse Verwirrung, dass selbst Scholien, welche man sonst ohne grosse Mühe verstehen könnte, sehr häufig zu Räthseln werden. Mit verkehrter Interpunktion hängen auch jene *παραδιορθώσεις* zusammen, von denen hier eine folgt; im Schol. Trach. v. 230 heisst es: *κατὰ τὴν τοῦ ἔργου πρᾶξιν, τουτέστιν ἀξίως τῆς Ἡρακλέους ἀρετῆς. Προσφωνούμεθα [δὲ] ἀντὶ τοῦ, οἵων ἔδει τυχεῖν προσφωνημάτων — ἐτύχομεν*; hier hat Elmsley *δέ* nach *προσφωνούμεθα* eingeschoben; es bedurfte bloss der Correctur: *τουτέστιν — προσφωνούμεθα κ. ἑ.*, wie auch im Cod. A. nach Dindorfs Mittheilung (B. II, S. 69) steht.

C) An vielen Stellen beziehen sich die Scholien nicht auf die richtigen Verse oder auf die Wörter, welche der Scholiast zu erklären versucht hat; daher jene komische *ἀσυμφωνία* zwischen dem Lemma und dem Scholion, die mitunter in störendster Weise sich bemerkbar macht. Ueber das Verfahren Elmsleys bei den Lemmata berichtet uns Gaisford S. VI und VII wie folgt:

„summopere autem enixus est ut lemmata ubique exactissime exhiberentur, qua in parte moleste ferebat Romani editoris negligentiam, qui multa secus atque in codice ms. repererat, imprimenda curavisset —. Atque ista lemmata duobus punctis, hodierni typographi *colon* vocant, ab interpretatione grammatici segregata sunt: reliqua omnia, quibus adhibentur uncini formae quadratae ([]), minime exstant in codice ms., sed ad commodiorem legentium usum suppleta sunt ab editore“. Mag auch Elmsley die grösste Vorsicht angewendet haben, so ist doch leider zu bemerken, dass die Stellen, wo der Leser noch immer zu thun hat, zahlreich genug sind; für manche richtigen Ergänzungen der fehlenden Lemmata müssen wir Elmsley dankbar sein; wie viel indess die Ausgabe in dieser Hinsicht zu wünschen übrig lässt, sieht jeder, der die Scholien mit Aufmerksamkeit durchliest und dabei nicht unterlässt, sie genau mit dem Texte selbst zu vergleichen. Als Beispiele mögen folgende Stellen dienen: im Schol. Antig. v. 589, 2 lesen wir: *ὕφαλον*] *ἐκ βάθους*, während die Erklärung sich auf *βυσσόθεν* bezieht; v. 250 desselben Dramas: *Δικέλλης*] *πελέκεως, ἀξίνης*; indessen bezieht sich das Scholion auf *γενῇδος*; cf. Hesych. B. I, S. 423 (ed. Schmidt) s. v. *γενῇδα*: *ἀξίνην, πέλεκυν* und *γένυς*: *γένειον· πέλεκυς, μάχαιρα* und S. 159 s. v. *ἀμφίγενυς*: *ἀξίνη*. Suid. B. I, 1, S. 1088 (ed. Bernh.) s. v. *γένυς*: *εἶδος πελέκεως*; zu vergleichen sind auch folgende alte Scholien: Elektr. v. 195: *ἀπὸ γενύων παγχάλκων, ὅ ἐστι πελέκεων· γένυς γὰρ εἶδος πελέκεως*, v. 485: *γένυς*] *εἶδος πελέκεως*. Ebenso bezieht sich im Schol. Phil. v. 1205: *ἀντὶ τοῦ πέλεκυν ἢ γενῇδα ἢ ἀξίνην* nicht auf *ἢ βελέων*, wie Elmsley meinte, sondern auf *γένυν*. Philokt. v. 710 lesen wir: *ὠκυβόλων*] *πτερωτῶν τόξων*; es soll heissen: *πτανῶν*] *πτ. τόξων*.

Ich breche hier ab; denn die Aufzählung aller unrichtigen Stellen würde uns zu weit führen; wie wenig sich überhaupt der Herausgeber, mag nun Elmsley oder Gaisford dafür gelten, um solche Dinge gekümmert hat, zeigt u. a. der Umstand, dass im Schol. Phil. v. 225 *φοβῶ διὰ τὰ κακά* steht; *φοβῶ* ist zweifellos in *φόβῳ* umzuändern, da es sich auf *ὄκνῳ* des Textes bezieht; der Herausgeber aber „*οὐκ ὤκνησε*“ ein Lemma *ὀκνῶ* zu bilden, welches angeblich auf *φοβῶ* passen sollte.

D) Ein vierter Mangel liegt in der unzuverlässigen Wiedergabe der handschriftlichen Lesarten. Es ist erklärlich, dass derjenige, welcher einen Text herausgiebt, manches entweder übersehen oder wenigstens ungenau lesen wird; dies ist ein *πάμπολυ νόμος*, dem Niemand entgehen kann. Dass nun Elmsley in dieser Hinsicht, trotz der oben angeführten Worte Gaisfords, leider sehr viele Fehler begangen hat, das findet gewissermassen seine Entschuldigung darin, dass er vor mehr als 50 Jahren die Scholien abgeschrieben hat, in einer Zeit nämlich, in der man noch weit von der Akribie der Gegenwart entfernt war.

Es wäre demnach eine der ersten Pflichten des neuen Herausgebers, den Laurentianus noch einmal genau zu vergleichen; dieser Mühe wird man in der Hauptsache überhoben durch Dindorfs „Annotationes ad scholia vetera", welche in dem II. Bande der Scholien von S. 31—133 veröffentlicht worden sind. Die berichtigten Stellen sind sehr zahlreich; es werden uns neue Lemmata des Codex mitgetheilt und andere wieder, die Elmsley mit : bezeichnet hatte, der Handschrift abgesprochen; auch werden neue Lesarten der Scholien und ganze Scholien und Glossen angeführt, welche Elmsley übersehen hatte.[1]) Unter den neuen Lesarten sind zwar manche corrupt: aber erst durch sie konnte der richtige Weg zur Herstellung des Textes gefunden werden; ich führe folgendes Beispiel an: im Schol. Trach. v. 122 heisst es bei Elmsley: *ἥδετα δὲ ὅτι φησὶν αὐτὸν ζῆν, ἀντία δὲ ὅτι τὸ ἐναντίον νομίζει Δηϊάνειρα, ὡς ἀποθανόντος αὐτοῦ*: wer auch nur ein wenig Gefühl für die Sprache der Scholien besitzt, wird gleich bemerken, dass das erste *δέ* entweder in *μέν* verwandelt oder weggelassen werden muss; glücklicher Weise theilt uns Dindorf B. II, S. 68 mit, dass im Codex nicht *ἥδετα δέ*, sondern *ἡ δέ* steht; es ist also meiner Ansicht nach *ἡδε˜* zu schreiben, d. h.: *ἥδετα ὅτι φησὶν αὐτὸν ζῆν, ἀντία δὲ ὅτι κ. ἑ.*; der Abschreiber hat ganz einfach die Abkürzung als *ἡ δέ* aufgefasst.[2]) Dindorf hat an manchen Stellen die neuen Lesarten trefflich zu dieser oder jener Emendation benutzt; alles von ihm verlangen, wäre bei dieser lästigen Arbeit, die sich nur mit grosser Geduld bewältigen lässt, ungerecht.

E) Der fünfte, letzte und allergrösste Mangel ist der, dass

1) Hier will ich hinzufügen, dass Elmsley auch manche der sogenannten „Glossae interlineares" in die Scholien aufgenommen hat; vieles ist ihm aber entgangen. Die bezüglichen Notizen findet man nicht in den „Annotationes", sondern in dem kritischen Apparat der Oxfordschen Sophoklesausgabe Dindorfs, den der zukünftige Herausgeber jedenfalls genau berücksichtigen muss; ich selbst habe bei nur flüchtigem Lesen über 20 ausgelassene Glossemata gezählt.

2) Die im Codex vorkommenden Abkürzungen werde ich im zweiten Theile der Abhandlung eingehender besprechen.

der Herausgeber sich nicht bemühte, einen nach den Grundsätzen der Kritik berichtigten Text zu geben; die corrupten Stellen sind so zahlreich, dass die blosse Zusammenstellung aller derjenigen Emendationen, welche schon von anderen nach Elmsley vorgenommen, und derjenigen, welche noch vorzunehmen sind, grossen Raum ausfüllen würde.

Jeder, der die Scholien kritisch behandeln will, wird wohl vorher darüber sprechen müssen, welche Codices ausser dem Laurentianus zu berücksichtigen sind, welches der Werth jedes derselben ist, und welche Principien er bei der Emendation sowohl der dem Sinne als auch der Sprache nach corrupten Stellen der alten Scholien befolgen will. Ueber die Codices, welche alte und neue Scholien zu den Sophoklestragödien enthalten, hat Dindorf in der *Praefatio* des schon erwähnten zweiten Bandes, in dem die sogenannten *νεώτερα σχόλια* und diejenigen des Triklinios veröffentlicht sind, von S. III—XXI gesprochen. Er hat dieselben in sechs Classen eingetheilt, von denen wir bloss die erste berücksichtigen werden, da wir weder über eine Ausgabe der neueren, noch der Triklinischen Scholien zu sprechen beabsichtigen.

Alte Scholien zu den sieben uns erhaltenen Tragödien des Sophokles bietet bloss der Laurentianus Flor. Bibl. Laur. plut. XXXII, 9, der von Elmsley durch LA. bezeichnet und dessen Entstehung von Cobet *de arte interpret.* S. 103 ins X., von anderen ins XI. Jahrh. verlegt wird; es ist der Codex, der nach den neueren Forschungen zwar die Grundlage der Sophokleskritik bildet, aber doch nicht die Quelle aller übrigen Handschriften ist. Andere Codices, welche alte Scholien bieten, sind leider nur in geringer Anzahl vorhanden, der bedeutendste nach L. ist derjenige, welchen Dindorf durch G. bezeichnet (in derselben Bibl., wie auch L., aus dem XIV. Jahrh.) und welcher Scholien zu den vier Tragödien Aias, Elektra, Oedipus Tyrannos und Philoktetes bietet; da ich über diesen Codex jetzt ausführlich zu sprechen beabsichtige, so halte ich es für angemessen, hier noch zwei andere Codices, F. (Flor. Bibl. Laur. pl. XXVIII, 25, aus dem XIV. Jahrh. mit Scholien zu den drei Dramen Aias, Elektra und Oed. Tyrannos v. 1—1246) und H. (in derselben Bibl. plut. XXXII, 40, mit denselben Scholien) nur zu erwähnen, da sie von so geringem Werthe sind, resp. so wenige richtige Lesarten enthalten, dass ich darüber (wie es am Ende meiner Behandlung von G. geschieht) nur weniges zu sagen brauche.

Alle Abweichungen von G., wie einige wenige von F. und H., sind in den erwähnten „Annotationes ad scholia vetera" angegeben; die Meinung Dindorfs über G. lautet (S. V) folgendermassen: Qui codex etsi ab librario scriptus est negligenti et imperito, cuius centena peccata in scholiis saepe miro modo traiectis silentio praetermisi, tamen memorabilis est propterea, quod non ex Laurentiano transcriptus, sed ex alio libro derivatus est, qui similis quidem illi, sed tamen diversus ab eo fuit; de quo nullus est dubitationi locus, quum G. scholia nonnulla vetera, quibus L. caret, servaverit, alia integriora quam L. exhibeat et saepe cum Suida, qui multa ex scholiis Sophocleis in Lexicon suum transtulit, consentiat, ubi is ab L. dissentit: ut Suidam libro usum esse nunc pateat, qui similis fuerit ei ex quo G. originem duxit.

Auf das Verhältniss von G. zu Suidas glaube ich hier weniger Gewicht legen zu dürfen; es kommt vielmehr darauf an, G. mit L. genau zu vergleichen und in dieser Hinsicht ergiebt sich als die einzige praktische Hauptfrage folgende: dürfen wir G. bei der Verbesserung mancher corrupten Stellen von L. benutzen, und in welcher Weise muss dies geschehen? Soll ich mein Gesammturtheil gemäss dem, was ich nach langer Untersuchung dieser Frage als richtig gefunden zu haben glaube, in wenigen Worten zusammenfassen, so möchte ich sagen: wir dürfen allerdings G. benutzen, aber nur mit der grössten Vorsicht. Gehen wir zum Einzelnen über.

Die Abweichungen des Cod. G. von L. bestehen in der Hauptsache entweder in Versetzungen oder in Auslassungen einzelner Sätze und ganzer Scholien; diese Discrepanzen sind oft derart, dass sie den Sinn nicht beeinträchtigen; öfter aber wird der Zusammenhang durch sie geradezu zu Grunde gerichtet. Zur Erläuterung greife ich einige Beispiele heraus, indem ich zugleich die Bemerkung hinzufüge, dass die Zahl der hierher gehörigen Fälle eine überaus grosse ist. Wem es darauf ankommt, dieselben zusammenzustellen, wird in den „Annotationes" das Nähere finden; unser Leser aber möge *ἐξ ὄνυχος τὸν λέοντα* kennen lernen.

Oed. Tyr. v. 56.

L. S. 5.	G. S. 34.
Οἴκκας νῦν ἀντὶ τοὺς ἄρχοντας λέγοντες καὶ ὀρθῶς πλεῖν τὴν πόλιν φάσκοντες.	*Οἴκκας νῦν ἀντὶ τοὺς ἄρχοντας λέγοντες καὶ ὀρθῶς τὴν πόλιν φάσκοντες πλεῖν.*

v. 191, 2.

S. 12.	S. 36.
Μετὰ βοῆς καὶ οἰμωγῆς ἐπιών.	*Μετὰ οἰμωγῆς καὶ βοῆς ἐπιών.*

Ai. v. 1328.

S. 267.	S. 101.
Ἠπίστατο γὰρ ὅτι πάντες ἄνθρωποι πρὸς τὸ ἀληθὲς ἀγανακτοῦσι καὶ ἀντιλέγουσιν.	*Ἠπίστατο γὰρ ὅτι πάντες ἄνθρωποι πρὸς τὸ ἀληθὲς ἀντιλέγουσιν καὶ ἀγανακτοῦσι.*

Als Beispiele für grössere Umstellungen der Scholien, Umstellungen, die oft die grösste Verlegenheit bereiten, wenn man sich nicht die Mühe giebt, den Text hinzuzunehmen, mögen folgende Stellen dienen.

Ai. v. 520.

S. 234.	S. 89.
Ἀλλ' ἴσχε κἀμοῦ: καλῶς τὸ κἀμοῦ, οἷον — κἀμὲ ἔν τινι μοίρᾳ κατάθου· αἰσθάνεται γὰρ τῆς τύχης, ἐν ᾗ νῦν ἐστιν· αἰδημόνως δὲ αὐτὸν ὑπομιμνήσκει τὰ τῆς εὐνῆς· διὰ τοῦτο (schr. *τούτου*) *γὰρ — δοκεῖ αὐτὸν πείθειν· ὁ δέ γε Εὐριπίδης — εἰσάγει τὴν Ἑκάβην λέγουσαν —.* v. 522. *Ἡ φύουσα γὰρ τὴν χάριν χάρις ἐστίν —.*	*Ἀλλ' ἴσχε κἀμοῦ: αἰδημόνως αὐτὸν ὑπομιμνήσκει τὰ τῆς εὐνῆς· διὰ τοῦτο γὰρ — δοκεῖ αὐτὸν πείθειν· ὁ δέ γε Εὐριπίδης — εἰσάγει τὴν Ἑκάβην λέγουσαν —. Ἡ φύουσα γὰρ τὴν χάριν χάρις ἐστίν —. Καλῶς τὸ κἀμοῦ, οἷον — κἀμὲ ἔν τινι μοίρᾳ κατάθου· αἴσθεται γὰρ τῆς μοίρας, ἐν ᾗ νῦν ἐστιν.*

Elektr. v. 239.

S. 320.	S. 122.
Μὴ εἴη μοι ταύτης τιμῆς τὸ τοὺς γονέας μὴ μέχρι παντὸς ὀδύρεσθαι.	
Ibid.	Ibid. . . . .
v. 240. — — — — — *Μήτε οὖν αὐτὴ γενοίμην, μήτε ὁ ξυνοικῶν μοι τοιοῦτος εἴη, ζηλοίην τὰ ἐκείνου —.* v. 241. *Γονέων ἐντίμους:*	v. 240. — — — — — *Μήτε οὖν αὐτὴ γενοίμην, μήτε ὁ ξυνοικῶν μοι τοιοῦτος εἴη, ζηλοίην τὰ ἐκείνου —. Καὶ ἄλλως. Μὴ εἴη ταῦτα τι-*

τῶν ἐπὶ τοῖς γονεῦσιν — γόων κ. ἑ.	*μᾶν μέχρι τοῦ παντὸς τοὺς γονέας ὀδύρεσθαι. Τὸ ἐπὶ τοῖς γονεῦσιν — γόων κ. ἑ.*

Das Uebel vergrössert sich noch in Scholien, die Cod. G. mit L. nicht gemeinsam hat (worüber später) und in denen die grösste Verwirrung zu herrschen pflegt.

Oed. Tyr. v. 1384.

S. 39.	S. 47.
Κηλῖδα] ὄνειδος καὶ συμφοράν.	*Κηλῖδα] ὄνειδος καὶ συμφοράν. Ἀπὸ μεταφορᾶς τῶν — πάντως ἐλαυνομένων. Τὸ γὰρ ἔξω τῶν κακῶν οἰκεῖν — λίαν ἥδιστον. Ἀλλ' ἡ τῶν τέκνων ὄψις ἡ αὐ φυτευθεῖσα ἦν ἐμοί. Τὸ ὅπως ἀντὶ τοῦ οὕτως.*

Richtig bemerkte Dindorf, dass *ἀλλ' ἡ — ἐμοί* sich auf v. 1375—1376 bezieht; es war übrigens *ὄψις ἡ οὕτω φυτευθεῖσα* zu schreiben, wodurch der Scholiast das *βλαστοῦσ' ὅπως ἔβλαστε* wiedergiebt; daraus lässt sich auch der Irrthum des Grammatikers erklären, welcher: *τὸ ὅπως ἀντὶ τοῦ οὕτως* hinzufügte. Aber auch *τὸ γὰρ — ἥδιστον* gehört nicht hierher, sondern zu den v. 1389—1390:

τὸ γὰρ
τὴν φροντίδ' ἔξω τῶν κακῶν οἰκεῖν γλυκύ.

Auslassungen sind sehr häufig, bisweilen ohne den Sinn zu beeinträchtigen, oft aber mit Nachtheil für denselben verbunden.

Phil. v. 1095.

S. 298.	S. 112.
Διὸ μηδένα ἄλλον αἰτιῶ, ἀλλὰ σαυτόν.	*Διὸ μηδένα ἄλλον αἰτιῶ.*

Oft sind ganze Sätze ausgelassen und in Folge dessen auch die Partikel *δέ*, wodurch die verschiedenen Theile in L. verbunden werden.

Oed. Tyr. v. 236.

S. 14.	S. 37.
Τὸν ἄνδρ' ἀπαυδῶ: πολὺν ἔλεον ἐργάζεται ὁ λόγος, ὅτι κατηγορεῖ ἑαυτοῦ ἀγνοῶν. Πρότερον δὲ τὰ φιλάνθρωπα εἰρηκώς, τελευταῖον ἐπήνεγκε τὰ σκληρότερα.	*Πρῶτον τὰ φιλάνθρωπα εἰρηκώς, τελευταῖον ἐπήνεγκε τὰ σκληρότερα.*

v. 1110.

S. 34.	S. 45.
Μὴ συναλλάξαντα: μὴ κοινωνήσαντα, τουτέστι μὴ συντυχόντα, μὴ εἰς ἀμοιβὴν καὶ ὁμιλίαν ἐλθόντα. Θεασάμενος δὲ ὁ Οἰδίπους τὸν πρεσβύτην ἐρχόμενον — στοχάζεται — εἶναι αὐτόν.	*Θεασάμενος ὁ Οἰδίπους τὸν πρεσβύτην ἐρχόμενον — στοχάζεται — εἶναι αὐτόν.*

Al. v. 570.

S. 237.	S. 90.
Πάνυ περιπαθῶς τὸ ἐπὶ τοῖς γονεῦσι καὶ παισὶ διαθήκας ποιῆσαι· θαυμαστῶς δὲ πρὸς ἅπαντας τοὺς λόγους — ἀντιθέσεις ἐποιήσατο.	*Θαυμαστῶς πρὸς ἅπαντας τοὺς λόγους — τὰς ἀπαντήσεις ἐποιήσατο.*

Wie weit die Willkür in der Verschmelzung der Scholien in G. gegangen ist, zeigen folgende sinnlose Scholien desselben.

Oed. Tyr. v. 222.

S. 14.	S. 37.
Ἐπεὶ οὖν, φησί, συντελῶ εἰς τὴν πολιτείαν καὶ μέλει μοι τῶν κοινῶν, ταῦτα ὑμῖν προφωνῶ. Μετῆκται δὲ ἀπὸ τῶν συντελούντων ἐν ταῖς πόλεσιν καὶ τὴν ἰδίαν δύναμιν εἰς τὸ κοινὸν φερόντων.	*Ἐπεὶ οὖν, φησί, συντελῶ εἰς τὴν πολιτείαν καὶ τὴν ἰδίαν δύναμιν εἰς τὸ κοινὸν φερόντων.*

v. 82.

S. 6.	S. 34.
Οἱ γὰρ ἐπί τινι αἰσίῳ παραγενόμενοι ἐκ Δελφῶν ἐστεμμένοι ἐπανήεσαν	*Οἱ γὰρ ἐπί τινι αἰσίῳ παραγενόμενοι ἐπανήεσαν.*

Ai. v. 190.

S. 215.	S. 82.
Ἐπὶ τούτοις δὲ ἐξευμενιζόμενος τὸν Σίσυφον ἐξένισεν αὐτὸν καὶ τὴν θυγατέρα αὐτοῦ Ἀντίκλειαν συγκατέκλινεν αὐτῷ καὶ ἔγκυον ἐξ αὐτοῦ γινομένην τὴν παῖδα συνῴκισε Λαέρτῃ. Διὸ Σισύφου ὁ Ὀδυσσεύς.	Ἐπὶ τούτοις δὲ ἐξευμενιζόμενος τὸν Σίσυφον ἐξένισεν αὐτὸν καὶ τὴν θυγατέρα αὐτοῦ. Διὸ Σισύφου ὁ Ὀδυσσεύς.

Durch diese Beispiele bekommt man einen klaren Begriff von dem Zustande des Cod. G.; die Stellen aber, welche entweder durch Weglassung von Wörtern und Sätzen oder durch falsche Einschiebung corrupt und unverständlich geworden sind, sind sehr zahlreich; wie gross überhaupt die Verwirrung ist, mögen folgende Beispiele zeigen.

Oed. Tyr. v. 863.

S. 28.	S. 42.
Ταῦτα δέ φησιν τὴν Ἰοκάστην αἰτιώμενος ὅτι ἀσεβῶς ἔφη ἐψεῦσθαι τὸν Ἀπόλλωνα. Φέροντι οὖν τὴν — ἁγνείαν τῶν λόγων καὶ τῶν ἔργων τῶν περὶ τῶν θεῶν.	Ταῦτα δέ φησιν τὴν Ἰοκάστην αἰτιώμενος ὅτι ἀσεβῶς ἔφη ἐψεῦσθαι τὸν Ἀπόλλωνα τὴν θεολό^γ φησι. Φέροντι κ. ἑ.

Schwerlich war Apollon der heilige Γρηγόριος ὁ θεολόγος; die corrupten Worte τὴν θεολό^γ sind aus dem folgenden ἁγνείαν τῶν λόγων — περὶ τῶν θεῶν interpolirt.

Phil. v. 851, 5.

S. 293.	S. 110.
Ὃν αὐδῶμαι] δι' ὃν λέγω, ἀντὶ τοῦ Φιλοκτήτην. Διὰ μέσου τοῦτο εἴρηται.	Διὰ μέσου τοῦτο εἴρηται· ἀντὶ τοῦ διὸ λέ^γ φιλοκτη^τ.

v. 453

S. 283.	S. 107.
Ὄρος τῆς Τραχῖνος ἡ Οἴτη. Τραχῖνος δὲ ἦν καὶ Μηλιεύς.	^ν χα ἐν τῇ Οἴτῃ γεννηθείς· ὄρος τῆς Τραχινίας.

Der Abschreiber wollte anfangs die Bemerkung vorausschicken: ὄρος Τραχῖνος (denn jenes Monstrum ^ν χα bedeutet wahrscheinlich Τραχῖνος oder Τραχινίας), welche er später am Schlusse hinzuzufügen vorzog, nachdem er durch ἐν τῇ Οἴτῃ γεννηθείς das γένεθλον Οἰταίου πατρός erklärt hatte.

Ai. v. 190, 18.

S. 215.	S. 82.
Ὦ πάντα πράσσων ὡς ὁ Σίσυφος πολύς.	Ὦ πάνδαρε πράσσεο Σίσυφος πολύς.

v. 158, 3.

S. 212.	S. 81.
Γνωμολογεῖ· βούλεται γὰρ ἐπιτιμᾶν ὅτι κακῶς πράττουσι καθαιροῦντες Αἴαντα.	Γνωμολογεῖ· βούλεται γὰρ ἐπιτιμᾶν ὅτι κακὴ γνῶ^μ πράττουσι καθαιρ. Αἴαντα.

Man könnte meinen, κακὴ γνῶ^μ sei κακῇ γνώμῃ; ich nehme als wahrscheinlicher an, dass γνῶ^μ aus dem vorhergehenden γνωμολογεῖ interpolirt worden ist; γνῶ^μ fasste der Abschreiber als γνώμη auf und musste folglich auch κακῶς in κακὴ ändern.

Oed. Tyr. v. 27.

S. 3.	S. 33.
Ὁ πυρφόρος θεός: ὁ λοιμὸς ὁ πυρετοφόρος.	Ὁ πυρφόρος θεός: ὁ λοιμὸς πυρετόν φησι.

An mancher Stelle vereinigt sich Umstellung und Corruptel.

Phil. v. 1149.

S. 301.	S. 113.
Ἀντὶ τοῦ οὐκέτι φεύξεσθέ με, οὐκέτι μετὰ φυγῆς καὶ φόβου προσπελάξετέ μοι.	Ἀντὶ τοῦ οὐκέτι διαφυγεῖν καὶ φθόνου προσπελάσετέ μοι, ἀντὶ τοῦ οὐ φεύξεσθε.

Ich breche hier ab; möge man hieraus erkennen, dass wir es mit einem Codex zu thun haben, der auch die unglaublichsten Corruptelen aufweist. Von Corruptelen ist auch L. nicht frei; in diesem aber kommen dieselben nach gewissen Regeln vor, deren Studium und Prüfung nicht überflüssig, sondern unumgänglich ist; Umstellungen einzelner Wörter, die den Sinn stören, fehlen auch in diesem nicht, sind aber nur in verhältnissmässig geringer Anzahl vorhanden; auch finden sich Compendien am häufigsten bei den letzten Silben der Wörter. Zwar sehen wir, dass in ihm $\overset{o}{\chi}$ manchmal zur Bezeichnung der beiden Wörter χορός und χρόνος, und $\overset{\eta}{\varphi}$ zur Bezeichnung von φησι und φασι gebraucht wird; solche Erscheinungen sind jedoch sehr selten; in den Vordergrund tritt in L. die Verwechselung aller damals gleichlautenden Vocale und Diphthonge, also zwischen ι-η-υ, ο-ω, αι-ε, ει-οι, etc., ein Umstand, der, wie wir weiter unten sehen werden, bei der Emendation der sprachlichen Fehler ins Gewicht fällt. In G. dagegen ist der Abschreiber mit so unglaublicher Willkür zu Werke gegangen, dass wir, falls bloss die Scholien von G. erhalten wären, mit der Erklärung derselben viel zu thun haben würden; auch die begabteste paläographische Phantasie würde in diesem Falle nicht im Stande gewesen sein, allen Corruptelen auf die Spur zu kommen. Noch heute bleibt manches in G. unerklärlich und räthselhaft, wie folgende Stelle zeigen kann.

Phil. v. 778.

S. 920.	S. 110.
Τῷ πρόσθ' ἐμοῦ κεκτημένῳ] τῷ Ἡρακλεῖ	Τῷ πρόσθ' ἐμοῦ κεκτημένῳ] ὡς τῷ Ἡρακλεῖ κἀμοὶ ταῦτα κυ¦χοιει.

Trotz meiner vielen Mühe habe ich noch nicht vermocht, die Stelle auf eine wahrscheinliche und befriedigende Weise zu erklären; die v. 777—778 des Phil. lauten:

μή σοι γενέσθαι πολύπον' αὐτά, μηδ' ὅπως
ἐμοί τε καὶ τῷ πρόσθ' ἐμοῦ κεκτημένῳ·

Das Laurentianische Scholion zum v. 777 lautet: ὥστε αὐτὰ (sc. τὰ τόξα) μὴ γενέσθαι σοι πολύστονα, πικρὰ καὶ αἴτια κακῶν; ich habe vermuthet: ὡς τῷ Ἡρακλεῖ κἀμοὶ ταῦτα κακοῦ αἴτια ⟨ἐγένοντο⟩, eine Hariolation, die einem Anderen Anlass zu einer wahrscheinlichen Erklärung geben kann.

Von manchen grammatischen Fehlern des L. ist G. frei; so hat letzterer Codex z. B. bei χρῶμαι immer den Dativ τῷ, wo sich in L. der Accus. τό findet. Die Schreibart (worüber später) haben wir wahrscheinlich einer späteren Correctur zu verdanken.

Um das Bild von G. zu vervollständigen, führe ich hier noch folgende Abweichungen desselben an.

Oed. Tyr. v. 357.

S. 18.	S. 36.
Ἡ ἀπόστασις φανερῶς εἰς Κρέοντα.	Ἡ ἀπόστασις πρὸς Κρέοντα ἐστι λεληθέναι

v. 702.

S. 26.	S. 42.
Λέγε, εἰ σαφῆ ἐστιν ἃ μέλλεις ἐγκαλεῖν, οἷον ὡμολογημένα.	Λέγε εἰ ἀληθῆ εἰσιν ἃ μέλλεις ἐγκαλεῖν, οἷον μὴ ἔξω τῆς ἀληθείας καὶ τοῦ πρέποντος.

Nach dieser Charakteristik gehe ich zur Besprechung der Vorzüge von G. über. Dieselben kann man, was die vier Tragödien insgesammt betrifft (ich sage insgesammt; denn der jüngere Codex besitzt in den Schol. Ai. v. 1—150 noch einen besonderen Vorzug, worüber ich später sprechen werde), in zwei Classen theilen. Entweder hat G. an manchen Stellen richtigere Lesarten, oder besser gesagt, die richtigen Lesarten uns erhalten, wo sich in L. immer die falschen finden; oder G. enthält Scholien, welche in L. ganz fehlen, und zwar sind diese Scholien entweder alt oder neu.

Richtige Lesarten bietet uns G. meistens an solchen corrupten Stellen von L., deren Verbesserung auch ohne Hülfe irgend eines Codex einem Jeden einfallen konnte.

Ai. v. 32, 2.

S. 204.	S. 77.
Τοιοῦτον γὰρ συμβαίνει ἐπὶ τοὺς ἰχνευτάς.	Τοιοῦτον γὰρ συμβαίνει περὶ τοὺς ἰχνευτάς.

Das Compendium $\overset{\pi}{\varepsilon}$ (= ἐπί) wurde sehr häufig von den Abschreibern als $\overset{\prime}{\pi}$ aufgefasst, welches zur Bezeichnung des W. περί diente.

v. 76, 4.

S. 206.	S. 78.
Ὅρα οἷον ἦν προσελθόντα ἐκεῖνον θεάσασθαι τὸν νεκρόν.	Ὅρα οἷον ἦν προσελθόντα ἐκεῖνον θεάσασθαι τὸν ἐχθρόν.

v. 646, 10.

S. 241.	S. 93.
Ἅπαντα ὁ χρόνος φύει φῦλα.	Ἅπαντα ὁ χρόνος φύει δῆλα.

v. 204, 3.

S. 216.	S. 83.
Καὶ ὅμως τοῦ Τελαμῶνος οἴκου φειδόμενοι.	*Καὶ ὅμως τοῦ Τελαμῶνος οἴκου κηδόμενοι.*

Verhältnissmässig wichtiger sind folgende Lesarten.

v. 183.

S. 214.	S. 82.
Οὐ γὰρ ἐπὶ τοσοῦτον ἄφρων εἶ, ὡς ἄνευ αἰτίας θέλων ἐμπεσεῖν τοῖς ποιμνίοις.	*Οὐ γὰρ ἐπὶ τοσοῦτον ἄφρων εἶ, ὡς ἄνευ αἰτίας θεῶν ἐμπεσεῖν τοῖς ποιμνίοις.*

Elektr. v. 1434.

S. 350.	S. 133.
Τὰ μὲν πρὶν εὖ θέμενοι, τὰ κατὰ τὴν Κλυταιμνήστραν, ὡς καὶ ὑμέτερον εὖ εἴη τὰ κατὰ Αἴγισθον.	*Τὰ κατὰ τὴν Κλυταιμνήστραν φησίν, ὡς καὶ ὕστερον εὖ εἴη τὰ κατὰ Αἴγισθον.*

Es wäre überflüssig, noch weitere Beispiele zu bringen; doch sind die Stellen, wo Lesarten von L. denen von G. Platz machen müssen, leider nicht zahlreich; besonders in arg corrupten Stellen des Laurentianus lässt uns G. im Stiche. Aber auch das kleine *δῶρον*, welches er uns bietet, nehmen wir mit Dank an. Andere Stellen von G. verhelfen uns indirekt zur Emendation mancher Corruptelen von L. Dass aber bei der Benutzung der Abweichungen die grösste Vorsicht nöthig ist, will ich hier nachweisen; vor allem darf man nie vergessen, dass der jüngere Codex auch von Zusätzen und Correcturen späterer Grammatiker, wie z. B. Tzetzes gewesen sein kann, wimmelt, die oft verkehrt und werthlos sind. Dindorf ist meiner Meinung nach bei der Benutzung der Varianten weiter gegangen, als zu wünschen gewesen wäre, indem er manche von denselben den Lesarten des L. substituirte, wo die letzteren ganz richtig sind.

Elektr. v. 335.

S. 323.	S. 123.
Ὑφειμένῃ δοκεῖ: μὴ ὅλον τὸ ἱστίον ἀναπετασάσῃ· ἀπὸ τῶν πλεόντων, οἳ πρὸς τὴν βίαν τῶν ἀνέμων οὐκ ἀντίσχοντες ὑφιᾶσι τῶν ἱστίων.	*Ὑφειμένῃ δοκεῖ: μὴ ὅλον — ἀναπετασάσῃ· ἀπὸ μεταφορᾶς τῶν πλεόντων, οἳ πρὸς τὴν βίαν τῶν ἀνέμων συστέλλουσι τὰ ἱστία.*

Dindorf bemerkt: „*ἀπὸ τῶν πλεόντων*] scribendum *ἀπὸ μεταφορᾶς τῶν πλεόντων* ex G.". Erstens darf man mit Recht fragen: ist das überlieferte unrichtig und sinnlos? ich glaube nicht; der Ausdruck *ἀπὸ τῶν πλεόντων* ist ebenso schön, ebenso richtig wie *ἀπὸ μεταφορᾶς τῶν πλεόντων*, beides kann mit gleichem Recht „von den seefahrenden her" bedeuten. Zweitens heisst es zwar einerseits in L. Schol. Ai. v. 1, 20 *ἐκ μεταφορᾶς τῶν κυνηγῶν*, Phil. v. 13 *ἀπὸ μεταφορᾶς τῶν ἀμελγόντων*, Oed. Tyr. v. 17 *ἡ δὲ μεταφορὰ ἀπὸ τῶν νεοττῶν*, andererseits aber finden wir auch folgende Stellen: Ai. v. 251 *ἀντὶ τοῦ κινοῦσιν· ἀπὸ τῶν ἐρεσσόντων*, Oed. auf Kol. v. 794 *πεπλασμένον· ἀπὸ τῶν ὑποβαλλομένων εἰς τὰ γένη τοὺς παῖδας*. Cf. auch Ai. v. 61. Phil. v. 1238 etc. Oder müssen wir auch an diesen Stellen, die man leicht durch viele ähnliche aus den Homerischen und anderen Scholien vermehren könnte, überall *ἀπὸ μεταφορᾶς* schreiben?

Wieder andere Schreibarten von G. wären nicht benutzt worden, hätte man sich die Mühe gegeben, sich in den Laur. Scholien umzusehen und den Sprachgebrauch derselben zu studiren.

Elektr. v. 1174.

S. 345.	S. 131.
Ἀναγκαῖον ἐμφανισθῆναι τὸν Ὀρέστην· διεφθάρῃ γὰρ τὸ συνεκτικὸν τῆς ὑποθέσεως, σιωπῶντος.	*Ἀναγκαῖον ἐμφανισθῆναι τὸν Ὀρέστην· διεφθάρῃ γὰρ ἂν τὸ συνεκτικὸν τῆς ὑποθέσεως, σιωπῶντος.*

„*Διεφθάρῃ γάρ*] scribe *διεφθάρῃ γὰρ ἂν* ex G." Dind. Ein die Regeln der strengen Grammatik befolgender Schriftsteller hätte natürlich die Partikel *ἂν* bei *διεφθάρῃ* nicht auslassen dürfen; bei unseren Scholiasten ist dem aber nicht so; zwar wird Antig. v. 155 *ἕτερος γὰρ ἂν ταῦτα πρῶτον εἰσήγαγεν*, Oed. auf Kol. v. 124 *οὐ γὰρ ἂν ἐπέβαινεν, εἰ ᾔδει* und Ai. v. 430, 3 *καλῶς — πράττων οὐκ ἂν ἐμέμνητο* gesagt; auf der andern Seite lesen wir jedoch im Schol. Oed. Tyr. v. 38 *ὅπερ συνελάμβανέν σοι πρὸς τὴν λύσιν*, v. 354 *εἰ δὲ ἐπιστεύθη — ὁ μάντις, τὰ ἑξῆς — ἀνῄρητο*, Ai. v. 342 *παρὼν — ἐκώλυεν αὐτὸν πρᾶξαι*, v. 76 *ὅρα γὰρ οἷον ἦν προελθόντα — θεά-*

σασθαι u. s. w. Es könnte hier Jemand einwenden, die Auslassung von *ἄν* sei lediglich Schuld des Abschreibers, nicht des Scholiasten; der Umstand aber, dass dieselbe sehr häufig, sowohl in den Scholien des Sophokles, wie auch in anderen vorkommt, und besonders der Vergleich mit dem Optat. im potentialen Sinne (worüber später) lehrt uns, dass wir die Auslassung der Partikel, bei den Tempora des Ind. der Nichtwirklichkeit, den Scholiasten nicht absprechen dürfen.

Ai. v. 458.

S. 236.	S. 89.
Νῦν τὸ ἀμοῖς ὡς κατὰ τῶν καρπῶν.	*Νῦν τὸ ὤμοις ὡς ἐπὶ τῶν καρπῶν.*

„*Κατὰ*] corrige *ἐπί* ex G.“ Dind. Ich glaube, dass der Verbesserungsvorschlag überflüssig ist; *κατὰ τῶν καρπῶν* kann in dem vorliegenden Falle dasselbe bedeuten, wie *ἐπὶ τῶν καρπῶν*, sc. „auf die Früchte bezogen, von den Früchten gesagt“; bekannt ist der Gebrauch von *κατά* mit Genit. bei den Verbis des Sprechens in nicht feindlichem Sinne, also *ταῦτα κατὰ Περσῶν ἔχομεν λέγειν* (Xenoph.); dieser Gebrauch entwickelte sich bei den Grammatikern der späteren Zeit noch weiter; so sagt Apollonios *εἰ κατὰ τούτου φαίης* (= *ἐπί*), Phrynichos *οἱ τάττοντες τοῦτο κατὰ τούτου ἁμαρτάνουσι*; so unser Scholiast Antig. v. 404 *κατὰ τοῦ αὐτοῦ ὀνόματος παραλαμβάνειν*.

Auch Umstellungen der einzelnen Sätze in den Scholien von G. hat Dindorf gutgeheissen, resp. in L. aufgenommen; so lange aber die Sinnlosigkeit der Lesarten von L. nicht bewiesen wird, müssen wir die Richtigkeit dieses Verfahrens sehr in Zweifel ziehen, zumal, wie wir oben gesehen, der jüngere Codex von Metathesen wimmelt, welche die Stellen oft unverständlich machen.

Phil. v. 710.

S. 289.	G. S. 100.
Πλὴν εἴ που τοῖς πτηνοῖς βέλεσιν ἐξ ὠκυβόλων τόξων ἀνύσειε φορβὴν πτηνῶν, τουτέστιν ὀρνέων· λείπει δὲ ἡ ἀπό, ἀπὸ πτηνῶν.	*Πλὴν εἴ που τοῖς πτηνοῖς βέλεσιν ἐξ ὠκυβόλων τόξων ἀνύσειε φορβήν· λείπει δὲ ἡ ἀπό, ἵν' ᾖ ἀπὸ πτηνῶν, τουτέστιν πτηνῶν ὀρνέων.*

Was an dem Laur. Scholion auszusetzen ist, sehe ich nicht ein; Dindorf zieht die Lesart von G. vor, welche, wie man sieht,

aus einer unzweckmässigen, willkürlich vom Abschreiber vorgenommenen Umstellung der Wörter hervorgegangen ist; die Worte des L. *πτηνῶν τουτέστιν ὀρνέων* wurden umgestellt und nach *ἀπὸ πτηνῶν* gesetzt, woraus der hübsche Ausdruk *ἀπὸ πτηνῶν, τουτέστιν πτηνῶν ὀρνέων* entstanden ist; das Lästige des Ausdrucks will Dindorf durch Tilgung des zweiten *πτηνῶν* beseitigen. Doch wozu so viele Umstände?

Dindorf hat auch Lesarten von G. gebilligt, wobei er augenscheinlich die Beschaffenheit der uns erhaltenen Scholien nicht berücksichtigt hat; da dieselben nicht als einheitliches Werk eines Grammatikers betrachtet werden können, so versteht es sich von selbst, dass unser kritisches Verfahren bei den Scholien wohl nicht genau denselben Weg einschlagen darf, den wir bei Emendirung anderer alter Werke einzuschlagen pflegen; an vielen Stellen müssen wir sowohl auf inhaltlich wie auch auf sprachlich logischen Zusammenhang verzichten; denn die einzelnen Erklärungen zu diesem oder jenem Verse sind von dem Epitomator zu einem Ganzen zusammengestellt.

Ai. v. 609.

S. 239.	G. 91.
Δεύτερόν ἐστί μοι κακὸν τὸ τοῦ Αἴαντος ξυνεστηκός· τοῦτο γὰρ δηλοῖ τὸ ἔφεδρος· ἔφεδρος δέ ἐστιν ἐν τοῖς ἀγῶσιν ὁ κ. ἑ.	*Δεύτερόν ἐστί μοι κακὸν — — ἔφεδρος· ἔφεδρος δέ ἐστιν κ. ἑ.*

„*Ἔφεδρος δέ*] *δέ* recte omittit G. Est enim alius scholiastae annotatio“ Dind. Fürs beste halte ich die Worte Wolffs de Soph. schol. Laur. var. lect. Lips. 1843. S. 5 anzuführen: „sed huius quoque generis interpretationes, etsi aperte diversis ab auctoribus profectae, postea ex glossographorum more, —, temere coniunctae sunt“; die verschiedenen Erklärungen werden gewöhnlich durch *δέ* verbunden, manchmal auch durch *γάρ, οὖν*. Das Scholion El. v. 47—50. lautet: *ἔχει δὲ ἀξιοπιστίαν ὁ λόγος ὡς ἐν Φωκίδι τρεφόμενον* (*τὸν Ὀρέστην*) *καταβῆναι ἐν τῇ Πυθίᾳ* (*ἐς τὰ Πύθια* Brunck.)· *ἀνῆπται δὲ τοῖς χρόνοις· ἐπὶ Τριπτολέμου γάρ φασι γενέσθαι Πυθικὸν ἀγῶνα, ἑξακοσίοις ἔτεσι πρότερον*; statt *πρότερον* hat Brunck *ὕστερον* geschrieben, wonach also dem Triptolemos das beneidenswerthe Loos zu Theil geworden ist, den Orestes noch sechs volle Jahrhunderte zu überleben; richtig bemerkte Wolff S. 4, dass von *ἐπὶ Τριπτολέμου* die zweite Erklärung anfängt, durch welche der Grammatiker den in der ersten gegen den Dichter gerichteten Vorwurf widerlegen wollte.

Merkwürdiger Weise hat Wolff S. 243 an einer Stelle einen ähnlichen Fehler begangen; V. 706 der Elektra lautet:

ὁ δ' ὄγδοος λεύκιππος, Αἰνιὰν γένος

und das darauf bezügliche Scholion: *Λεύκιππος Αἰνιάν: ἐμοὶ δοκεῖ ὄνομα εἶναι· οὐδὲν γὰρ ἄτοπον ἐπίθετον εἶναι· ὄνομα γὰρ κύριον οὐ προτέθεικεν πρὸς τὸ τοῦ πράγματος ἀνεξέλεγκτον· ὅλη γὰρ ἡ διήγησις τοῦ ἀγῶνος πέπλασται.* Wolff bemerkt darüber: „*Αἰνιάν* editur e nonnullis libris et ex praecepto Stephani Byz. atque Eustathii, plurimi vero codd. *Αἰνιάν* vel *Αἰνειᾶν* praebent, neque aliter schol. legit, annotans: *Λεύκ. Αἰνειᾶν: ἐμοί* (adde *οὐ*) *δοκεῖ ὄνομα εἶναι* (i. e. *Λεύκιππος*, quod in vett. edd. et in cod. nonnullis [in dem Cod. von Leipzig ist das W. mit einer „lineola" bezeichnet] ut nomen proprium scriptum, ab Eustathio vero, quem editores afferunt, adiectivum est;) *οὐδὲν γὰρ ἄτοπον ἐπίθετον εἶναι· ὄνομα γὰρ κύριον οὐ προτέθεικεν* (scr. *προστέθεικεν*) *πρὸς κ. τ.*" Die erste Conjectur, wodurch Wolff einen Zusammenhang zwischen den verschiedenen Sätzen des Scholions zu gewinnen versuchte, scheint mir unwahrscheinlich; wir haben vielmehr zwei Scholiasten zu erkennen; der erste meinte *λεύκιππος* sei ein Eigenname, während es der zweite für ein Epitheton hielt; die zwei Erklärungen sind später durch *γάρ* verbunden.

Ehe ich zur Besprechung des zweiten oben erwähnten Vorzugs des Cod. G. übergehe, will ich die Behandlung der Frage nach der Benutzung der Varianten desselben mit der Anführung eines Beispiels abschliessen, welches die Ansicht bestätigen kann: an vielen Stellen müssen wir die Lesarten von G., auch wo sie an sich möglich sind, einfach bei Seite lassen und in den corrupten Worten des L. die Spur des Richtigen suchen:

Phil. v. 508.

S. 286.	S. 108.
Τίνος πράγματος χάριν οὐ διὰ τοσούτου χρόνου ἐπεστράφησαν — τοῦ Φιλοκτήτου οἱ Ἀτρεῖδαι, τοῦ πάλαι ἐξ αὐτῶν ἀποβληθέντος;	*Τίνος πράγματος χάριν διὰ τοσούτου χρόνου ἐπεστράφησαν κ. τ. λ.*

Die ersten Worte dieser Stelle von L. sind sinnlos, der Störenfried ist jenes *οὐ*, welches in G. fehlt; diese Lesart billigte nun Dindorf in seiner Oxforder Ausgabe S. 73; ich aber trage keinen Augenblick Bedenken, dieselbe als eine verfehlte Correctur eines späteren Grammatikers, mag es Tzetzes oder irgend einer gewesen sein, zu ignoriren und *οὕτω* st. *οὐ* zu schreiben; über die Verwechslung beider Wörter werde ich bei der Behandlung des Scholions im II. Theile sprechen; hier begnüge ich mich damit, v. 598—600 des Stückes anzuführen, um gleich jetzt ein Urtheil zu ermöglichen:

τίνος δ' Ἀτρεῖδαι τοῦδ' ἄγαν ΟΥ̃ΤΩ χρόνῳ
τοσῷδ' ἐπιστρέφοιντο πράγματος χάριν;

Die Scholien von G., welche in L. fehlen, sind, wie ich oben angedeutet habe, alt und neu; eine Unterscheidung zwischen beiden kann nicht überall mit Sicherheit gemacht werden; denn auch manche Scholien, die von späteren Grammatikern hinzugefügt sein können, erinnern in ihrer Ausdrucksweise und ihrem Inhalte manchmal an jene trefflichen Bemerkungen der Alexandriner über Personen und *ῥήσεις* derselben in diesem oder jenem Stücke. Eins steht fest, dass wir es hier meistentheils mit verwässerten Scholien aus byzantinischer Zeit zu thun haben. Zwar ist auch L. von späteren Zuthaten nicht frei, welche oft werthlos sind; diese sind aber in verhältnissmässig so geringer Anzahl vorhanden, dass es nicht rathsam ist, durch ihre Ausschliessung bei einer neuen Ausgabe das einheitliche Gepräge, welches durch das Festhalten an einem Codex, noch dazu dem ältesten aller uns erhaltenen, verliehen wird, zu zerstören. Was die Frage betrifft, ob und wie manche Scholien des G. für eine neue Ausgabe der alten Scholien verwendet werden können, so halte ich es für gut, ehe ich meinen Vorschlag vorbringe, einige Auszüge aus alten und neuen Scholien des jüngeren Codex zu geben.

Von drei Scholien, Oed. Tyr. v. 750. Ai. v. 83 und 581, dürfen wir mit Wahrscheinlichkeit behaupten, dass sie auf eine alte Quelle hinweisen; zu dem W. *βαιός* wird im ersten bemerkt: (S. 42) *ἰδίως ἀντὶ τοῦ ἐν Αἰχμαλώτισιν, ἔπεισα βαιᾶς κύλικος ὥστε δεύτερα*; Suidas B. I, 1, S. 974 sagt s. v. *βαιοί*: *καὶ βαιός, ἰδίως ἀντὶ τοῦ εἷς — καὶ ἐν Αἰχμαλώτισιν „ἔσπεισα — δεύτερα"*; cf. auch Heysch. B. I, S. 353 s. v. *βαιόν*. — Das Scholion Ai. v. 83 ist ferner für uns deshalb interessant, weil es die 8 Stellen der alten Scholien, in denen der berühmte Didymos erwähnt wird, um eine neunte vermehrt: *Δίδυμος σημειοῦται τὴν φράσιν „ἀλλ' οὐδὲ μὴ ἴδῃ πέλας"*, worüber Dindorf (B. II, S. 78) bemerkt: „Id fortasse etiam in L. fuit, in quo tres versus ita sunt obliterati, ut non appareat quid scriptum fuerit". — Das Scholion endlich Ai. v. 581 lautet: *οὐ πρὸς ἰατροῦ σοφοῦ: οὐκ ἔστιν ἰατροῦ σοφοῦ ἐπῳδαῖς χρήσασθαι, τοῦ τραύματος ἤδη τομῆς δεομένου*: diesen Theil des Scholions hat auch L. nur mit wenigen Abweichungen erhalten; in G. wird noch folgendes hinzugefügt: *καὶ ἐν Ποιμέσι „λόγῳ γὰρ ἕλκος οὐδὲν οἶ π τυχεῖν"*: Suidas B. I, 2, S. 1208 s. v. *θρηνεῖν ἐπῳδάς* hat uns den Vers richtiger überliefert: *λόγῳ γὰρ οὐδὲν ἕλκος οἶδά που χανόν*, obgleich hier auch *χανόν*, wie oben *τυχεῖν*, corrupt ist; der Sinn verlangt ein Wort von entgegengesetzter Bedeutung, wie *μύσαν*, welches Meineke vermuthete; da es sich um *τέμνειν ἕλκος* handelt, so hat die Stelle vermuthlich folgendermassen gelautet:

λόγῳ γὰρ ἕλκος οὐδὲν οἶδά που τυχὸν
⟨τομῆς⟩ ...

Ob nun die Erwähnung des Verses in G. von einem alten Scholion herrührt, oder das Fragment Zusatz eines späteren Grammatikers ist, mag dahin gestellt bleiben; dass auch der zweite Fall möglich ist, beweist das Scholion von G. Oed. Tyr. v. 1264, in dem Tzetzes erwähnt und uns zugleich ein Fragment aus der Niobe von Aeschylos überliefert wird.

Unter anderen Scholien hebe ich die treffende Bemerkung Ai. v. 45 hervor: *πιθανὸν τοῦ δεδιότος τὸ πρόσωπον, ὥστε πλείονας ἐρωτήσεις ἀπὸ τοῦ Ὀδυσσέως γενέσθαι*, und v. 340: *ὅρα πόσα ἔξωθεν ἐπιφέρει τῇ τραγῳδίᾳ πάθη ὁ ποιητής, ὥστε καὶ ἐπὶ τῷ παιδὶ ἀγωνιᾶν τὴν Τέκμησσαν*. Von solchen Scholien aber, die oft mit *πιθανῶς τὸ ..., ὅρα ..., παρατήρα ..., παραφύλαξον* ... u. ähnl. eingeleitet werden, hat L. eine nicht kleine Anzahl.

Die neuen Scholien von G. lassen sich aus dem Inhalte erkennen und aus dem Umstande, dass in denselben oft Tzetzes erwähnt wird; so z. B. im Schol. Oed. Tyr. v. 1264 (S. 46): *Τζέτζης δέ φησι δίφθογγον μὲν γράφεσθαι κ. ἑ.*, einem verwirrten Scholion, über das ich in dem II. Theile eingehend sprechen werde; ferner im Schol. Ai. v. 884 (S. 98): *τούτους δὲ τοὺς δύο παρὰ τῷ Φιντέᾳ (?) ὀνομαζομένους ἵνα λέγων ὁ Τζέτζης εἶπε ποταμόν κ. ἑ.*: aus dem Schol. Oed. Tyr. v. 264 (S. 37) lernen wir den Grammatiker und Dichter zugleich kennen; er interpretirt die betreffende Stelle durch drei abgeschmackte Verse, wie folgt:

Τζέτζης μὲν οὕτω συμβιβάζει τὸν λόγον·
νῦν δ' ἐς τὸ κείνου δηλαδὴ πάντων γένος
κατάρα προσῆλθε καὶ διῆλθ' ἡ τύχη.

Im Schol. Oed. Tyr. v. 924 (S. 44) findet sich der Tetrameter: *ὁ ἄγγελος Κορίνθιος, θεράπων δὲ Πολύβου* und v. 945: *τὴν θεράπαιναν καλεῖ τοῦ καλέσαι τὸν δεσπότην*: im Schol. Ai. v. 1418 (S. 102) lesen wir: *ἐνθάδ' Αἴαντος δρᾶμα λαμβάνει τέλος*, „adscripto ad *τέλος* ab eadem manu *γρ. πέρας*, quod fortasse Tzetzae est, qui hunc sive suum sive alius versiculum varia lectione ornare volebat" Dind.

Dindorf führt auf Tzetzes auch folgende Scholien zurück: Ai. v. 387 (S. 87), in dem wir folgende *βίβλος γενέσεως* lesen: *προπάτωρ ἦν τοῦ Αἴαντος ὁ Ζεύς· ὁ γὰρ Ζεὺς ἐγέννησε τὸν Αἰακόν, ὁ Αἰακὸς Τελαμῶνα, Πηλέα καὶ Φῶκον, ἐκ Τελαμῶνος ὁ Αἴας, ἐκ δὲ Πηλέως Ἀχιλλεύς*, und Phil. v. 482 (S. 108): *πρῶρα τὸ ἔμπροσθεν τῆς νηὸς παρὰ τὸ προρέειν, πρύμνη — παρὰ τὸ εἰς πέρας μένειν*. Wir dürfen wahrscheinlich auch folgende Scholien auf den Byzantinischen Gelehrten zurückführen: Oed. Tyr. v. 473: *νιφόεντος] ἤγουν τοῦ χιονώδους· ὑψηλὸς γὰρ ὁ Παρνασός· ἢ τοῦ φανεροποιοῦ —· ἡ χιὼν γὰρ λαμπρὰ τῇ θέᾳ* und Philokt. v. 639: *ἄῃ] πνέῃ· διανυκτερεύσῃ, ἠρεμήσῃ· ἀπὸ μεταφορᾶς τῶν κοιμωμένων, ὡς καὶ Ὅμηρος, νύκτα κακὴν ἄεσαν, ἀντὶ τοῦ ὕπνος* (? s. m. Bemerk. im II. Theile) *ἠρέμησαν*.

Nach den bisherigen Ausführungen würde es sich, meine ich, für eine neue Ausgabe empfehlen, die vermuthlich alten Scholien von G. und die, welche nicht ganz werthlos sind, sorgsam zusammenzustellen und am Ende der Ausgabe der Laurent. Scholien unter einem Titel, wie etwa „excerpta ex G.", zu bringen; denn diese letzteren mit denen von G. zu verschmelzen oder aus denselben zu ergänzen, wäre unrichtig und unbequem. Von diesem Standpunkte aus kann ich mich leider nicht mit dem Verfahren Dindorfs befreunden, welcher viele Zusätze von G. zur vermeintlichen Ergänzung mancher Scholien von L. benutzt hat. Greifen wir einige Beispiele heraus.

Phil. v. 33.

S. 272.	S. 103.
Χαμαιστρωσία ἐκ φύλλων, ἡπλωμένη καὶ πατουμένη ὡς κοιμωμένου ἐπ' αὐτῇ τινός.	*Χαμαιστρωσία ἐκ φύλλων. ἡπλωμένη καὶ πατουμένη —. Φυλλὰς δὲ ἡ ἐκ φύλλων στρωμνή.*

Hier wird der Vorschlag gemacht, *Φυλλάς — στρωμνή* in L. hinzuzufügen, ohne dass der Grund dazu angegeben wird; der Zusatz kann von einem viel späteren Grammatiker herrühren, wie wir aus einem Vergleich mit anderen unbrauchbaren Zusätzen ersehen, von denen hier einer folgt.

Ai. v. 1386.

S. 269.	S. 102.
Οἰπιβρόντητος] ὃν εἰώθαμεν λέγειν ἐμβρόντητον.	*Οἰπιβρ.] ὃν εἰώθαμεν λέγειν ἐμβρόντητον. ἤγουν σαλόν.*

Ἤγουν σαλόν will Dindorf in L. ergänzen; das Wort hört man noch jetzt im griechischen Volksmunde, die nutzlose Ergänzung aber will mir nicht einleuchten, mag auch *σαλός* bei den „scriptoribus recentioribus" vorkommen, so oft es will. Hat doch Dindorf selbst manche Zusätze in L., welche „a m. recentissima" herrühren, ignorirt und getilgt, wie im Schol. Ai. v. 143, 12; wenn hier *ὡς βούπεινα* (denn dies hat der Philolog gemeint, nicht *ὡς βούπεινα. ἤτοι τὸν μεγάλως μαινόμενον*. v. 143, 7, welches sich im Codex nicht findet) getilgt wird, so sehe ich doch nicht ein, aus welchem Grunde wir *σαλόν* in L. ergänzen sollen.

Weitere Stellen der Laur. Scholien, in denen meiner Ansicht nach unnöthige Correcturen und Zusätze aus G. vorgenommen wurden, sind: Phil. v. 374. 57. 378. 163, 1. 391, 5. Ai. v. 666, 2. 1000. 141, 5. 172, 8. 9. 550, 1. 593, 1. 833, 2. 1366, 1 etc.

So viel über die allgemeinen Vorzüge von G.; der Codex besitzt, wie ich oben angedeutet, auch einen besonderen Vorzug in den Scholien Ai. v. 1—150, der von Dindorf *Praef.* V mit Recht hervorgehoben worden ist. Das Schicksal hat sich uns in diesen Scholien von L. insofern ungünstig gezeigt, als in denselben viele Wörter im Laufe der Zeiten verlöscht sind, wodurch Lücken entstanden, die der Ergänzung bedürfen; manche derselben sind der Art, dass man sie ohne anderweitige Hülfe hätte

ergänzen können; bei anderen wieder muss man einen zweiten Codex zu Hülfe nehmen; ich führe hierfür ein treffendes Beispiel an und verweise, was das Nähere betrifft, auf die „Annotationes", indem ich die Bemerkung hinzufüge, dass ich im II. Theile einige derartige Stellen besprechen werde.

Ai. v. 23.

S. 203.	S. 76.
Τρανές: σαφές. Καλῶς δὲ τοῦτο ἐποίησεν . . . και ἔτι ἡ ὑπόθεσις.	*Τρανές: σαφές. Καλῶς δὲ τοῦτο ἐποίησεν. ἵνα συνέχηται ἔτι ἡ ὑπόθεσις.*

Zu der Ergänzung greift man ambabus manibus; *το συνεκτικόν, τὰ συνεκτικὰ τῆς ὑποθέσεως* ist bei den alten Scholiasten ein sehr beliebter Ausdruck, im Gegensatze zu *λύειν — διαλύειν τὴν ὑπόθεσιν*. Beispiele s. bei Dindorf a. a. O. und im Index in schol. vol. S. 144.

Ausser G. wurden aber auch F. und H. kurz erwähnt; zu ihrer Charakteristik genügen die Worte Dindorfs Praef. VI: „cum Florent. G. bona nonnulla communia habet — F. — et H.; uterque — liber passim veram scripturam praebuit ubi L. et G. in vitiosa consentiunt". Von besonderem Werth ist die Auskunft, die uns F. im Schol. Ai. v. 27, 4 giebt.

S. 204.	S. 76.
Ὅτι εἰδέν τις αὐτόν — μετὰ τοῦ ξίφους νεαροῦ ἀπὸ τοῦ αἵματος . . . ιν οὐκ . . . . . . ἡ ἀθ . . . ἄνθρω . . . ἀνελεῖν.	*Ὅτι εἰδέν τις αὐτόν — μετὰ τοῦ ξίφους νεοῤῥάντου ἀπὸ τοῦ αἵματος· ἢ ποιμνίων ἐπιστάταις τοῖς κυσίν· οὐκ εἴασε γὰρ ἡ Ἀθηνᾶ ἄνθρωπον ἀνελεῖν.*

Wahrscheinlich ist also zu schreiben: *ἀπὸ τοῦ αἵματος· ⟨ἢ κυσ⟩ὶν· ⟨οὐκ εἴασε γὰρ⟩ ἡ Ἀθ⟨ηνᾶ⟩ ἄνθρω⟨πον⟩ ἀνελεῖν*; man muss sich hüten, auch *νεοῤῥάντου* st. *νεαροῦ* zu schreiben, denn im Schol. v. 828 wird ähnlich *νεοῤῥάντῳ* durch *προσφάτῳ* erklärt.

Als eine dankenswerthe Ergänzung zu den „Annotationes" Dindorfs können die 5 „Specimina" betrachtet werden, die in Giessen (1866—1870) von L. Lange herausgegeben sind; sie enthalten eine vollständige Zusammenstellung der Varianten des Codex Lobkowicianus (Jahrh. XII??) in den Scholien zu den

Tragödien Trachinierinnen und Oedipus auf Kolonos; weitere Hefte, die die Varianten zu den übrigen Scholien (Philoktetes, Oedipus Tyrannos und Antigone) enthalten sollten, sind meines Wissens nicht erschienen. Die Abweichungen geben freilich nur selten etwas beachtenswerthes (cf. m. Bem. Oed. auf Kol. v. 701); der Hauptmasse nach sind sie unbrauchbar, trotz der langen Listen der Stellen, an denen der Herausgeber den Lesarten des Cod. Lobkow. den Vorzug giebt.

So weit helfen uns die erhaltenen Codices mit alten Scholien zur kritischen Herstellung des Laurentianischen Scholientextes. Damit ist aber unsere Aufgabe selbstverständlich keineswegs gelöst, vielmehr bleibt uns noch eine grosse Anzahl von corrupten Stellen übrig, welche auf dem angedeuteten Wege keine Verbesserung finden. Die Lexikographen, wie Suidas, helfen uns nur in wenigen Fällen; wir sind der Hauptsache nach auf uns selber angewiesen und müssen zweierlei Gesichtspunkte berücksichtigen: 1) den Text des Dichters, 2) den Sprachgebrauch, den die Scholiasten befolgen.

Die Studien über die Frage: was für einen Text setzen die uns erhaltenen Scholien voraus? sind nach Wunder, der in Grimma im Jahre 1838 eine Abhandlung „de scholiorum in Sophoclis tragoedias auctoritate“ erscheinen liess, mit Eifer fortgesetzt; die umfangreichste Arbeit bleibt bis heutzutage die schon erwähnte Abhandlung Wolffs „de Sophoclis scholiorum Laurentianorum variis lectionibus[5])“; von neuesten Arbeiten sind hier zu erwähnen: Pauli, „de schol. Laurent. ad Sophoclis verba restituenda usu, Gottingae 1865“ und desselben: „Quaestiones criticae de scholiorum Laurent. usu; Jahresbericht über das Archigymnasium zu Soest 1880“, angezeigt von Kvíčala in der Philolog. Rundschau von Bremen 5. Febr. 1881 Nr. 6.

Ein genaues Studium der Scholien zeigt deutlich, in wie weit der Text der Scholiasten jener Zeit von dem uns erhaltenen des Laurentianus abwich; wo die Scholiasten Erklärungen geben, welche die ohne allen Zweifel richtige Lesart voraussetzen, da kann es als sicher gelten, dass jene Scholien noch aus den Zeiten herrühren, in denen die richtige Lesart bekannt war. Oft liegt die Sache so, dass die Scholien auf offenbar echte Lesarten hindeuten, während die Lemmata immer an den corrupten festhalten, welche aus dem inzwischen arg entstellten Texte genommen wurden; dafür führe ich folgendes Beispiel an: v. 620 der Trach. lautet in L. folgendermassen:

ὅπως φέρῃς μοι τόνδε γ' εὐϋφῆ πέπλον·

εὐϋφῆ πέπλον: ἰσχνουργῆ. — Γρ. δὲ ἀϋφῆ ἀντὶ τοῦ λεπτοϋφῆ; mit kritischem Scharfsinn erkannte Wunder (de schol. auct. S. 27), dass ἰσχνουργῆ und λεπτοϋφῆ sich auf (τόνδε) τανυϋφῆ beziehen; und so erklären denn Hesychios (wo τανοϋφῆ geschrieben ist), Photios und Suidas τανυϋφῆ durch λεπτοϋφῆ; indess sowohl das Lemma, wie jene Notiz γρ. ἀϋφῆ sind corrupt.

Solche Scholien aber, die auf eine evidente Weise die richtige Lesart voraussetzen, sind von sehr geringer Anzahl. Freilich wollte man alle derartigen Verbesserungsvorschläge, die sich in den Ausgaben Bruncks, Wolffs, Dindorfs u. a. finden, berücksichtigen, so müsste man fast glauben, die alten Scholiasten wären ebenso weit gewesen, wie die neueren Kritiker. Allein schon der Umstand, dass ein und dasselbe Scholion oft zur Bestätigung von zwei oder drei verschiedenen Conjecturen benutzt wird, zeigt sonnenklar, wie unsicher diese Scholienautorität sein muss. Jeder, der die Scholien genau studirt hat, muss eingestehen, dass die Erklärungen der Scholiasten fast überall (die 10 oder 15 Stellen, wo dieselben richtiges, von L. abweichendes, erkennen lassen, fallen hunderten von Stellen gegenüber nicht ins Gewicht) den Text von L. voraussetzen. Wer die Interpretationskunststücke nicht bloss der Sophoklesscholiasten, sondern der alten Scholiasten überhaupt kennt, der wird es erklärlich finden, dass dieselben häufig Wörter des Textes nicht berücksichtigen, welche ihnen nicht recht passten, und wird nicht behaupten wollen, dass jene Wörter den Scholiasten unbekannt gewesen seien; denn sind es nicht dieselben Sophoklesscholiasten, welche auch die sinnlosen Stellen durch Ergänzung vermeintlich fehlender Wörter zu erklären versucht haben, unbekümmert darum, ob die Erklärung möglich war oder nicht? sind es nicht dieselben, welche auch die am leichtesten verständlichen Stellen durch Exegesen zu interpretiren verstanden, die heutzutage nicht einmal einem Secundaner einfallen würden? halten sie doch an derselben verkehrten Rollenvertheilung fest, die auch L. bietet, und scheuen sich beispielsweise nicht, Trach. v. 402ff. so zu erklären, dass Lichas im Verlaufe des Dialogs mit νοσοῦντι (=μαινομένῳ), diesem wenig schmeichelhaften Prädikat, ohne Weiteres Ihre Majestät, die Königin Deianeira bezeichnet! Wenn wir nun andererseits vernünftige

5) Die „Pars prior de scholiorum Laur. auctoritate“ ist auch in der Dindorf'schen *Praefatio* zum II. Bande der Scholien von S. XXI—LII abgedruckt.

Erklärungen zu Versen lesen, die uns corrupt überliefert sind, wie kann uns dieser Umstand berechtigen, einfach zu behaupten, die alten Scholiasten hätten Lesarten gekannt, wie sie erst die neuere Kritik herstellt? ein Scholiast jener Zeit konnte, wie ich meine, an manchen corrupten Stellen durch blosse Vermuthung den Sinn des Dichters finden, ebenso wie es ein neuerer Erklärer thut; der Unterschied zwischen beiden ist einzig und allein der, dass jener einfach glaubte, der verlangte Sinn könne auch in den corrupten Worten enthalten sein, dieser aber sich nach einer Verbesserung umsieht.

Der Raum und der Zweck der Abhandlung verbietet mir, mich auf diese Frage eingehend einzulassen und viele Verbesserungsvorschläge der Herausgeber, welche die alten Scholien bestätigen sollten, zu prüfen; ich muss mich auf die Behandlung weniger Stellen beschränken.

v. 653—654 der Trach. lauten:

νῦν δ' Ἄρης οἰστρηθεὶς
ἐξέλυσ' ἐπίπονον ἁμέραν.

Dindorf will nach einer Conjectur Erfurdts *ἐπιπόνων ἁμερᾶν* schreiben und bemerkt (ed. S. 80.), der Scholiast hätte vielleicht auch die Genetive gelesen; das Scholion lautet: *μανεὶς ὁ περὶ τὴν Οἰχαλίαν πόλεμος ἐξέλυσεν ἡμᾶς τῆς ἀνίας, ἣν ἐφ' ἑκάστης ἡμέρας εἴχομεν.* Der Genetiv *τῆς ἀνίας* allein hat zu dem bedenklichen Schlusse geführt, der Scholiast hätte *ἐπιπόνων ἁμερᾶν* gekannt; wenn wir aber nicht vergessen wollen, dass die Construktion von *ἐκλύω* mit Acc. ungemein selten ist, so können wir gleich verstehen, warum der Grammatiker in seinem Scholion bei *ἐκλύω* den Genetiv, womit dies Verbum am häufigsten construirt wird, dem Accusativ des Dichters substituirt hat; hätte er nicht in Prosa geschrieben, wäre er ein Tzetzes gewesen, so hätte er vielleicht den Dichter nachahmen und nach ihm *ἐξέλυσεν ἡμᾶς τὴν ἀνίαν* schreiben dürfen; und wäre dieses Scholion das einzige, wo die Scholiasten die dichterische Syntax durch prosaische ersetzen? ich führe gleich ein ähnliches Beispiel an. Das Scholion Ai. v. 716ff.:

εὖτέ γ' ἐξ ἀέλπτων
Αἴας μετανεγνώσθη
θυμὸν Ἀτρείδαις μεγάλων τε νεικέων

lautet: *ὁπότε ἐξ ἀνελπίστων καὶ μεγάλων νεικέων ὁ Αἴας μετεπείσθη καὶ μετεβλήθη τὴν ψυχὴν τοῖς Ἀτρείδαις ἀπὸ τῆς*

ἔχθρας. | *Μετεβλήθη καὶ πέπαυται τοῦ θυμοῦ.* Im letzten Verse schreiben Wunder, Nauck, Lobeck, Wolff *θυμῶν*, Dindorf und Hermann *θυμοῦ*. Wer kann behaupten, der Scholiast habe ebenfalls *θυμοῦ* oder *θυμῶν* gelesen, bloss deshalb, weil er *τοῦ θυμοῦ* sagt? und doch lesen wir im Anhange bei Wolff S. 139 Folgendes: *θυμῶν* für *θυμόν* Γ als Variante und Triklin. So wohl der Scholiast: „*μετεβλήθη καὶ πέπαυται τοῦ θυμοῦ*". Man darf aber mit Recht fragen: wie hätte denn der Scholiast anders schreiben sollen? etwa *πέπαυται τὸν θυμόν* oder *τοὺς θυμούς*? es ist, glaube ich, sonnenklar, dass *θυμοῦ* einzig und allein wegen *πέπαυται* gesetzt wurde; der erste Scholiast erklärte genau *μετεβλήθη τὴν ψυχήν*, der zweite wollte noch etwas zur weiteren Erklärung hinzufügen, wie es in den Scholien sehr häufig der Fall ist; er setzte *πέπαυται* hinzu; hätte er jetzt *θυμόν* (statt dessen der erstere *τὴν ψυχήν* gebraucht) beibehalten sollen? ich glaube nicht; im Gegentheil hätten wir uns wundern müssen, wenn er *πέπαυται* mit dem Acc. construirt hätte.

Die oben hervorgehobene freie Ausdrucksweise der Scholiasten muss genau berücksichtigt werden; Wolff hat seinen nicht in jeder Beziehung richtigen Satz (de Soph. var. lect. S. 30): „sed quidquid hoc est, plerumque ne notatur quidem lectionis varietas, sed in explicatione latens coniectura ac divinatione nobis eruenda est. In qua re illud nos, si quid aliud, adiuvat, quod scholiastae poëtae verba arctissime (?) sequi solent, plerumque etiam verbum verbo reddentes" oft unrichtig angewendet; ich greife folgendes Beispiel heraus. In den vielbesprochenen V. 350 ff. der Antigone preist der Chor die erfinderische Kraft des Menschen, welcher

λασιαύχενά θ'
ἵππον ἕξεται ἀμφίλοφον ζυγὸν οὔρειόν τ' ἀκμῆτα ταῦρον.

Das darauf bezügliche Scholion: *ἀντὶ τοῦ περιβαλὼν αὐτῷ ζυγὸν περὶ τὸν λόφον ὑπάγει· Ἢ ἀμφίλοφον τὸν ἀμφιτράχηλον, τὸν ἀμφοτέρωθεν συνέχοντα τοὺς λόφους τῶν ὑποζυγίων. Καὶ λείπει ἡ ὑπό, ὑπὸ ζυγὸν ἄγει*: dann wieder zu *οὔρειον κ. τ.*: *ἀπὸ κοινοῦ τὸ ὑπὸ ζυγὸν ἕξεται.* Wolff vermuthete:

ἵππον ἕσας ἄγει ἀμφ. κ. ἑ.

und diese Conjectur sollte nun das Scholion bestätigen, weil das W. *ἕσας* dem *ἀμφιβαλὼν* entspricht; schon Bellermann (Anhang S. 143) hat meiner Meinung nach richtig bemerkt, dass durch *περιβαλὼν* einzig und allein *ἀμφίλοφον* erklärt wird. Was der Scholiast st. ἄξεται las, mag dahin gestellt bleiben; im zweiten Scholion steht ἄξεται; der Grammatiker nahm also den Fehler des Textes in sein Scholion auf, verstand aber zugleich, vielleicht durch die Erklärung im ersten Scholion ὑπάγει veranlasst, ihn in ἄξεται umzuändern. Wahrscheinlich scheint, dass die Alten nur darin eine Schwierigkeit fanden, dass es ἄξεται — ζυγόν st. ὑπὸ ζυγόν heisst, und deshalb bemerkten sie καὶ λείπει ἡ ὑπό, ἀπὸ κοινοῦ τὸ ὑπὸ ζυγὸν ἄξεται; ἀμφίλοφον blieb noch zur Erklärung übrig; warum konnte es der Grammatiker nicht durch περιβαλὼν αὐτῷ ζυγόν erklären?

Aehnlichen Behauptungen Wolffs begegnet man leider sehr oft; besonders da, wo er den Versuch macht, die verschiedenen Scholiasten festzustellen und dieselben in „vetustiores“ und „recentiores“ und wieder in „excerptores“ und „epitomatores“ einzutheilen und die Lesart, welcher jeder derselben gefolgt sein soll, herauszufinden, sind seine Resultate, im Gegensatze zu denjenigen des ersten Theiles seiner Schrift, ziemlich unsicher; ich begnüge mich für dies Mal folgende Stelle zu besprechen. Schol. Elektr. v. 445: ἐμασχαλίσθη, κἀπὶ λουτροῖσιν κάρα: εἰώθεισαν τῶν ἀναιρουμένων εἰς τὰς κεφαλὰς ἀπομάσσειν τὰ ξίφη, ὥσπερ ἀποτροπιαζόμενοι τὸ μύσος τὸ ἐν τῷ φόνῳ. Τὸ δὲ ἐξέμαξεν ἐπὶ τοῦ Ἀγαμέμνονος, ὃς ἐμασχαλίσθη ὑπὸ τῆς Κλυταιμνήστρας καὶ τὸ κάρα αὐτοῦ τὰς κηλῖδας τούτων τὰς ἐπὶ τῷ φόνῳ ἐξέμαξεν. Οὐ δεῖ δὲ διαφωνίαν δοκεῖν εἶναι πρὸς τὸν Ὅμηρον, ἐπεί φησιν ἐκεῖνος „Δειπνίσσας, ὥς τίς τε κατέκτανε βοῦν ἐπὶ φάτνῃ“· ἤρκει γὰρ τὰ ὅλα συμφωνεῖν τῷ πράγματι· τὰ γὰρ κατὰ μέρος ἐξουσίαν ἔχει ἕκαστος ὡς βούλεται πραγματεύσασθαι, εἰ μὴ τὸ πᾶν βλάπτῃ τῆς ὑποθέσεως. Ἄλλως. Εἰώθεσαν οἱ δρῶντες — φόνον ἀκρωτηριάζειν τοὺς ἀναιρεθέντας — καὶ περιάπτειν ἑαυτοῖς τὰ ἄκρα —· ἐφόρουν δὲ εἰς τὰς μασχάλας τὰ ἄκρα —. Ἄλλως. Ἐπὶ ταῖς καθάρσεσι τοῦ φονευθέντος τὰ ἄκρα ἔτεμνον καὶ περὶ τὴν μασχάλην αὐτοῦ ἐκρίμαζον αὐτά —. v. 446. Κηλῖδας ἐξαίμαξεν: ἢ τῇ ἑαυτῶν κεφαλῇ ἀπέμασσον τοῦ ξίφους τὰς κηλῖδας ἢ τῇ τοῦ φονευομένου —. Die v. 444 ff. der Elektr. lauten in L.

> ὑφ᾽ ἧς θανὼν ἄτιμος ὥστε δυσμενὴς
> ἐμασχαλίσθη κἀπὶ λουτροῖσιν κάρα
> κηλῖδας ἐξέμαξεν.

Κάρα geben alle Codices; die Herausgeber schreiben jetzt κάρᾳ nach einer Conjectur Bruncks (Subj. zu ἐξ. ist ἡ Κλυτ.); Dindorf schreibt (ed. S. 55): unus ex scholiastis κάρα pro nominativo habuit, alius dativum videtur legisse κάρᾳ; Wolff (ed. Anhang S. 139): κάρᾳ für κάρα zwei alte Scholien —; Hermann (ed. S. 69): κάρᾳ — cum scholiasta —. Eustathius p. 1857, 5 quoque videtur dativum legisse, qui scribat: καὶ ἔστιν εὑρεῖν τοιαύτην ἔννοιαν καὶ παρὰ Σοφοκλεῖ. ἔνθα φαίνεται ταῖς πεφονευμένων κεφαλαῖς ἀπομάττεσθαι τὸ ἐν τοῖς ξίφεσιν αἷμα. Ich meine, dass aus den uns erhaltenen Scholien und Zeugnissen der alten Lexikographen (Suidas, Hesych., Photios etc.) die Existenz einer Lesart κάρᾳ nicht nachgewiesen werden kann: Wolff (de Soph. schol. var. lect. S. 7) bemerkt über die oben angeführten Scholien Folgendes: „horum scholiorum id, quod primo loco scriptum est usque ad verba ἐν τῷ φόνῳ, excerptum est ex eo cui prius ἄλλως est praefixum, et eo, quod ad v. 446 ultimo loco adscriptum legitur; reddidit autem excerptor interpretis verba τῇ ἑαυτῶν κεφαλῇ ἀπέμασσον ita: εἰς τὰς κεφαλάς. Hi igitur κάρᾳ legerunt, quod ex Eustathio omnes receperunt. Excerptorem ab τὸ δὲ ἐξέμαξεν scholiastes excipit, qui mala codicum scriptura κάρα recentiorem se prodit, κάρα ex anacoluthia quadam verbi ἀπομάσσειν (nämlich ἐκμάσσειν — ἐξέμαξεν) subiectum esse credens; antiqui vero grammatici speciem is praebet, qui annotat: οὐ δεῖ ..... ὑποθέσεως. Sed haec annotatio, quoniam ad totam sententiam pertinet, ab altero eorum, qui vocem ἐμασχαλίσθη explicantes voce ἄλλως adducuntur, profecta esse potest, ab iisdemque ea, quae ad v. 446 adscripta ad κάρᾳ (?) κηλῖδας ἐξέμαξεν pertinet. Restant igitur duo scholiastae antiquitatis specie induti, unus recentior, deinde excerptor, denique epitomator, qui excerptam interpretationem cum antiqua per δέ coniunxit, ... etc.“. Man kann aber nicht recht verstehen, wie der Anfang des langen Scholions: εἰώθεισαν τῶν ἀναιρουμένων εἰς τὰς κεφαλὰς ἀπομάσσειν τὰ ξίφη κ. τ. aus dem: Ἄλλως. Εἰώθεισαν οἱ δρῶντες — φόνον ἀκρωτηριάζειν κ. τ. excerpirt sein kann; denn da ist die Rede von ἀπομάσσειν τὰ ξίφη, hier von μασχαλίζειν; übrigens will es mir nicht einleuchten, wie, wenn der Theil: τὸ δὲ ἐξέμαξεν — ἐπὶ τῷ φόνῳ ἐξέμαξεν nach Wolffs Ansicht die Erklärung eines „recentioris“ Scholiasten ist, ein Epitomator die Interpretation des „excerptoris“ (εἰώθεισαν — ἐν τῷ φόνῳ) mit der „antiqua“ durch δέ (τὸ δὲ ἐξέμαξεν κ. τ.) verbinden konnte; wie kann τὸ δὲ ἐξέμαξεν — ἐπὶ τῷ φ. ἐξέμαξεν zugleich „recentior“ und „antiqua“ Interpretation sein? Diese Inconsequenzen sind durch die bedenkliche Ansicht herbeigeführt, die Scholiasten hätten *κάρᾳ* gekannt; ich meine vielmehr, dass der Dat. *κάρᾳ* denselben unbekannt war und dass wir bloss drei verschiedene Grammatiker zu erkennen haben, welche äusserlich durch *ἄλλως* abgesondert sind: ob der Theil: *οὐ δεῖ — τῆς ὑποθέσεως* vom ersten Scholiasten oder von einem anderen herrührt, mag dahin gestellt bleiben; für unsere Frage hat dies keine Bedeutung. Dass der erste Scholiast *εἰς τὰς κεφαλάς* sagt, kann nicht unbedingt als Beweis für die Existenz der Lesart *κάρᾳ* gelten; ich für meine Person setze zweierlei Fälle voraus: entweder nahm der erste Grammatiker als Subject vom W. *ἐξέμαξεν* das W. *κάρα* und bemerkte, dass es eine Sitte war, die blutbefleckte Mordwaffe am Haupte der Gemordeten zu reinigen (*κάρα Ἀγαμέμνονος ἐξέμαξεν κηλῖδας — οἱ φονεῖς ἀπέμαξαν τῇ κεφαλῇ Ἀγ. τὰς κηλῖδας*); oder er nahm als Subj. die Klytaemnestra, erklärte aber *κάρα* als Acc. der Ortsbestimmung — *κατὰ τὸ κάρα — εἰς τὰς κεφαλάς*; cf. das jüngere Schol. im II. B. S. 256, 6 *κάρα*] *κατὰ τὴν κεφαλὴν* —. Es ist ferner nicht abzusehen, wie Eustathius (s. oben) den Dat. *κάρᾳ* gelesen haben soll; er erwähnt doch bloss die Sitte des *ἀπομάσσειν τὰ ξίφη*; dass er aber *ταῖς κεφαλαῖς* sagt, beweist an und für sich nichts; dasselbe muss auch von dem letzten Scholiasten zum V. 446 gesagt werden.

Auch wo Wolff die falschen Lesarten zu bestimmen versucht, denen die Scholiasten angeblich gefolgt sein sollen, sind seine Ansichten oft unwahrscheinlich. Auch für die Erörterung dieses Punktes greife ich nur ein Beispiel heraus, da mich, wie ich sehe, die Behandlung der Frage von dem Texte der Scholiasten weiter geführt hat, als ich selbst gewünscht hatte. In v. 1678 des Oedipus auf Kolonos fragt der Chor, ob Oedipus schon die Oberwelt verlassen habe:

Χο. βέβηκεν; Ἀν. ὡς μάλιστ' ἂν ἐν πόθῳ λάβοις.

Das Scholion dazu lautet: *ὡς μάλιστά τις ποθήσαι μαθεῖν ὅπως βέβηκεν, οἷον παραδόξως· καὶ ἐπιφέρει τὴν αἰτίαν τοῦ παραδόξου δοκοῦντος εἶναι . Ὡς ἂν ἐπιποθήσαις τὸν τρόπον τῆς τελευτῆς μαθεῖν*; die neueren Erklärer (cf. Nauck) geben im Gegensatze dazu den Sinn durch: *ὡς βῆναι μάλιστ' ἂν εὔξαιο* wieder. Dindorf nun meint, die alten Scholiasten hätten *λάβοις* im Sinne von *μάθοις* angenommen, ja vielleicht sogar *μάθοις* st. *λάβοις* gelesen; mit grösserer Entschiedenheit tritt Wolff (de Soph. var. lect. S. 260) hervor, indem er die erste

Alternative ignorirt und bemerkt: „scholiastae — fort. legerunt *ἐν πόθῳ* sive *ἐκ πόθου μάθοις* —". Es ist uns gleichgültig, ob die Alten *ἐν πόθῳ* kannten, welches Canter statt des handschriftlichen *εἰ πόθῳ* hergestellt hat, oder an der Corruptel *εἰ πόθῳ* festhielten, wobei sie *εἰ* in der Interpretation unberücksichtigt lassen konnten: meine Meinung ist die: durch *ὡς — τις ποθήσαι* (= *ὡς ἂν ἐπιποθήσαις*) wird das Ganze wiedergegeben: *ὡς μάλιστ' ἂν — πόθῳ λάβοις*; da haben wir aber auch ein *μαθεῖν*, welches uns nicht berechtigen kann, zu vermuthen, *λάβοις* wäre im Alterthume im Sinne von *μάθοις* aufgefasst worden; *μαθεῖν* wurde, wie heutzutage *βῆναι*, lediglich *ἔξωθεν* genommen, einfach supplirt, aus dem Grunde, weil der Chor die Antigone fragt, ob Oedipus schon gestorben sei; mit anderen Worten ausgedrückt, weil er sie um die Erzählung der Todesart ihres Vaters bittet, worauf Antigone (nach dem Scholiasten) durch die darauf folgenden Verse die Behauptung *ὡς μάλιστά τις ποθήσαι* (sc. *παραδόξως*: *καὶ ἐπιφέρει τὴν αἰτίαν τοῦ παραδόξου δοκοῦντος εἶναι*) erklärt, indem sie erzählt, er wäre weder im Kriege, noch durch Krankheit umgekommen, sondern auf unerklärliche Weise.

Erst wenn wir auf diese Weise, meine ich, die Scholien prüfen, um die Lesarten der Alten zu bestimmen, kommen wir zu dem für die Sophokleskritik allerdings betrübenden, aber doch wahren Resultate, dass unsere Scholiasten in den meisten Fällen die schlechten Lesarten des Laurentianus vor Augen haben und erklären: erst dann wird der Satz Wolffs (de Soph. schol. var. lect. S. 31) volle Geltung gewinnen: — „saepe non Sophocli ex scholiis, sed scholiis ex Sophocle medela est afferenda". Ich gehe zur Besprechung des zweiten Punktes über.

Für die Emendation der Stellen, welche sprachlich corrupt oder wenigstens verdächtig erscheinen, ist uns im Ganzen (denn einzelne Fälle fallen nicht in die Wagschale) jeder Autor selbst der beste Führer; das ist natürlich auch bei den Scholiasten der Fall, weshalb ein genaues Studium ihres Sprachgebrauchs nothwendig ist. Hier werden solche Fälle zur Sprache kommen, bei denen die Ansichten der Herausgeber von einander sehr verschieden sind. Wir werden versuchen, die wahrhaft grosse Verwirrung einigermassen zu verringern und wo möglich eine sichere Basis für die Correctur der Stilfehler des Textes der Scholien zu gewinnen. Die bedeutendsten der hierhergehörigen Fälle beziehen sich 1) auf die Construction der hypothetischen Partikeln,

2) auf die des Verbums χρῶμαι, 3) auf die potentialen Sätze im Optativ, 4) auf die Construction der Partikel ἵνα.

Eine Ausnahme von der bekannten, gewöhnlichen Syntax des εἰ bilden folgende Stellen: Elektr. v. 86, 10. 338. 369. 445, 9. Trach. v. 455. 587. 1115. Ai. v. 730. 1322, 3. Phil. v. 710. Oed. Tyr. v. 198, 3. 899, 4. 901. 1166. Oed. auf Kol. v. 98, 2. 457, 1. 2. 939. 1311, 2. Antig. v. 722. 888, 3.

Die Zahl (21, wenn mir nicht die eine oder die andere entgangen ist), ist verhältnissmässig sehr gering; es gilt hier zu untersuchen, in wie weit jene Stellen auf Anerkennung zu rechnen haben. Im Schol. Elektr. v. 369 steht: εἰ συγκεράσητε τοὺς τρόπους, εὖ ἂν ἔχοι:

ἔνεστιν — κέρδος, εἰ σὺ μὲν μάθοις
τοῖς τῆσδε χρῆσθαι, τοῖς δὲ σοῖς αὕτη —.

Der Codex hat nicht συγκεράσητε, sondern συγκεράσηται, was offenbar an dieser Stelle keinen Sinn hat; η und αι werden oft verwechselt, wie αι und ε; das richtige συγκεράσαιτε hat G. — Trach. v. 1115 wird εἰ σφαλήσεται durch εἰ ἀποτεύξηται erklärt, welches ein Monstrum ist; Elmsley hat schon zweifellos richtig ἀποτεύξεται geschrieben. — Oed. auf Kol. v. 198, 3 steht: εἰ γάρ τι ἡ νὺξ ἀφῇ κ. ἑ.; hier nimmt der Scholiast ganz einfach das Wort des Dichters „εἴ τι νὺξ ἀφῇ —“. Oed. Tyr. v. 1066 rührt εἰ — ἀναμείνῃς von Elmsley her, während die Handschrift ἀναμείνοις hat, was in ἀναμείναις umzuändern war —. Oed. auf Kol. v. 98 lautet: οὐ γὰρ ἄν ποτε, φησί, τῶν ἄλλων ὁδοιπόρων πρώταις ὑμῖν ἀντέσχον εἰ μὴ βούλησθε; dass hier ἐβούλεσθε zu schreiben ist, liegt auf der Hand; den Fehler emendirte Döderlein. — Antig. v. 883, 3 heisst es: εἰ χρεἴ' ᾖ λέγειν κ. ἑ.: hier ist εἰ χρεἴ' ᾖ auf den Laurent. Text zurückzuführen, in dem fälschlicher Weise εἰ χρεἴ' ἦι st. εἰ χρείη (Dawes) steht; Brunck hat auch im Scholion den Optativ geschrieben, was meiner Ansicht nach unwahrscheinlich ist, trotz Dindorf II. II, S. 66. Hiernach verhält es sich nämlich folgendermassen: durch Missverständniss bildete sich bei den Alten die Ansicht, χρείη(ι) sei nichts anderes als χρεἴ' ἦι; zu der falschen Meinung mag wohl die schlechte Ueberlieferung geführt haben; cf. das Schol. v. 268 des Oed. auf Kol.; da hatte der Scholiast die Lesart des Textes χρεἴ' ᾖ vor Augen, welche oft in L. vorkommt, so Oed. Tyr. v. 555. 791. Trach. v. 162 (und Lemma), während v. 166 desselben Stückes sich χρεἴ' ἦσφε findet, was nichts anderes als

χρεἴ' ᾖ σφε ist. Grössere Verwirrung entstand bei den Alten im v. 504 des Oed. auf Kolon., wo der Scholiast bemerkt: χρείη ἔσται κατὰ συναλοιφὴν χρῄσται —. Δηλοῦται δὲ ταὐτὸν τῷ δεήσει... Bei solchen Dingen erinnert man sich gern des alten Spruches νᾶφε καὶ μέμνασ' ἀπιστεῖν; über die Frage verweise ich auf Dindorf in dem lex. Sophocl. S. 519, wo auch die ähnliche Stelle bei Suidas s. v. χρή besprochen wird. Es ist klar, dass wir die Stellen der Scholien, wo χρεἴ' ᾖ steht, nicht corrigiren dürfen, wenn wir nicht die Scholiasten σοφωτέρους ἑαυτῶν machen wollen. — Von den übrigen 15 Stellen erscheinen die meisten ebenfalls verdächtig; Elektr. v. 86, 10 εἰ δὲ διαλυθῇ hat schon Brunck in εἰ — διαλυθείη umgeändert, ebenso Trach. v. 587 εἰ δὲ μὴ ἐνεργήσῃ in ἐνεργήσει; Ai. v. 730 lässt sich εἰ μὴ — εἰς πέρας ἐλκυσθῇ leicht in ἑλκυσθείη corrigiren; v. 1322 statt συγγνώμη τῷ κακῶς πάσχοντι, εἰ ἀμύνηται findet sich in G. εἰ ἀμύνεται: v. 939 des Oed. auf Kol. steht: παραφύλαξον εἰ τῶν μὲν κατηγορηθέντων — οὐχ ἅψηται, κακὰ δέ τινα ἐνθυμήματα — ἀντερεῖ; die Stelle zeigt uns, in wie weit wir in solchen Fällen der handschriftlichen Ueberlieferung Glauben schenken können; wir haben ἅψηται, aber ἀντερεῖ; richtig schrieb Elms. ἅψεται; Phil. v. 710 lautet: πλὴν εἴ που τοῖς πτηνοῖς βέλεσιν ἐξ ὠκυβόλων τόξων ἀνύσῃ φορβὴν πτηνῶν, wodurch der Scholiast die Reihenfolge der Worte:

πλὴν ἐξ ὠκυβόλων εἴ ποτε τόξων
πτανῶν ἀνύσειε πτανοῖς — φορβάν

giebt; wer kann glauben, dass der Grammatiker, der die Wörter der Verse so genau wiedergiebt, vorgezogen hätte, ἀνύσῃ dem ἀνύσειε zu substituiren? es ist mit Dindorf ἀνύσειε (G. ἀνύσει) zu schreiben. Wer den Umstand, dass damals alle Diphthonge und Vocale gleich lauteten nicht unberücksichtigt lässt, der wird wohl Elmsley beistimmen, wenn er im Schol. v. 1311 des Oed. auf Kol. ὡς εἴ τις ἐπὶ πολλῶν ἵππων εἴποι τὴν ἵππον st. εἴπῃ schreibt und Brunck, der Elektr. v. 445, 9 εἰ — βλάπτοι st. βλάπτῃ corrigirt. v. 457 des Oed. auf Kol. heisst es: εἰ ὑμεῖς συμβάλησθέ μοι, ἑαυτῶν (?) συμβάλλεσθε· χρησμὸς γὰρ ἦν ὡς εἰ Ἀθηναῖοι τοῦ τάφου — ἐγκρατεῖς γένωνται, ἔσοιντο αὐτοῖς; st. συμβάλησθε hat schon die Romana συμβάλλεσθε geschrieben; ferner hat die Handschrift γένονται, statt dessen ich γένοιντο schreiben möchte.

Dieses sind 10 Stellen, die am leichtesten corrigirt werden können; denn viele parallele Beispiele zeigen uns deutlich, dass wir es hier nicht mit Lesarten der Scholiasten, sondern mit Verwechselungen der Abschreiber zu thun haben; es bleiben uns somit 5 streitige Stellen: Oed. Tyr. 699, 4 εἰ μὴ ταῦτα φανερωθῶσιν, v. 901 εἰ μὴ ταῦτα κατάδηλα γένηται (: εἰ μὴ τάδε χειρόδεικτα — ἁρμόσει: γενήσεται?), Trach. v. 455, 2 λυπηθήσομαι εἰ μὴ εἴπῃς, Elektr. v. 338 εἴ τις πεφωκίσῃ, Antig. v. 722 εἰ δὲ — τις εὑρεθῇ. Sollten diese Stellen nicht corrupt sein, so glaube ich wenigstens, die Zahl der Stellen, an denen sich die Construction von εἰ mit Conj. findet, auf ihr richtiges Maass zurückgeführt und gezeigt zu haben, dass man die ungewöhnliche Verbindung in den allerseltensten Fällen den alten Scholiasten zutrauen darf.

Dass die Modi von den Abschreibern sehr oft corrumpirt wurden, beweist die überaus grosse Zahl der Stellen, an denen alle Vocale und Diphthonge verwechselt worden sind; es findet sich: υ st. υι (Elektr. v. 95, 2), ι st. ει Oed. auf Kol. v. 1065. 1650. Ant. v. 944, 2. Oed. v. 919. 1523, 2. Trach. v. 7, 2. Ai. v. 695, 5), οι st. η (Oed. auf Kol. v. 632, 4), αι st. ε (Oed. auf Kol. v. 1696. Ant. v. 324, 2), ει st. ι (Phil. v. 758. Trach. v. 560), ει st. η (Oed. Tyr. v. 151, 7. 673, 3. Ai. v. 700), η st. ει (Oed. Tyr. v. 479, 2. Ai. v. 421, 4), ι st. η (Oed. Tyr. v. 652. Ai. v. 435), η st. ι (Oed. Tyr. v. 673, 9. 1056, 2. Oed. auf Kol. v. 676, 3. Ai. v. 657, 3), ει st. ῃ (Trach. v. 766, 3), οι st. ῃ (Ai. v. 700) etc.

Ungemein häufig ist die Verwechselung von ο und ω, von deren näherer Betrachtung die Entscheidung über die Frage von der Construction des V. χρῆσθαι abhängt; Elmsley bemerkte über das εἰκότως οὖν κέχρηται τὸ τέκνα (Oed. Tyr. v. 1, 3) Folgendes: „*hanc verbi χρῆσθαι cum accusativo constructionem in his Grammaticorum scriptis passim videas.* Utor enim verbis Schaeferi ad Gregorium p. 691 qui me persuasit, ut ne τὸ τέκνα, τὸ στέφειν, τὸ πληθυντικόν (quod exstat in schol. ad v. 17), atque alia sexcenta ejusdem generis pro librarii erroribus haberem . . .“; gegen diese Ansicht polemisirt Dindorf im II. Bande der Scholien S. 31: „recte τῷ pro τὸ G. R. (= Romana) nec debebat τὸ defendi ab Elmsleio. Nam ut recentiores quidam scriptores χρῆσθαι interdum cum accusativo construxerint, tamen χρῆσθαι τῷδε καὶ τῷδε ὀνόματι vel ῥήματι, et quae sunt alia huiusmodi, toties in his ad Sophoclem aliisque ad alios scriptores scholiis antiquioribus legitur, ut plane incredibile sit paucis in locis, quos

sex potius — nam tot fere sunt — quam sexcentos dicere debebat Elmsleius, hos grammaticos ab usitata constructione descivisse, aut tam absurde esse locutos ut in scholio ad v. 411 scriptum est in L. τῷ ἐπιφθονωτέρῳ ἐπὶ τοῦ Οἰδίποδος ἐχρήσατο, τὸ δοῦλος, ubi recte τῷ δοῦλος scriptum in G.“. Später fing Elmsley zu schwanken an; denn er bemerkt zum v. 411 des Oed. Tyr.: „ed. Romana τῷ δοῦλος, quod propter dativos τῷ ἐπιφθονωτέρῳ et τῷ εὐπρεπεστέρῳ fortasse servare debebam“. Von der Verwechselung zwischen ο — ω führe ich folgende Beispiele an. Oed. auf Kol. v. 91, 9 κόμῃ st. κώμῃ. 200, 3 ἴσω st. ἴσο, Ant. v. 795 ἧττον st. ἥττων, Oed. Tyr. v. 35 ὥστε st. ὅς τε. 332, 2 κακός st. κακῶς; cf. auch v. 438, 1. 656, 8. 11. Trach. v. 118, 5 (ἄλλος st. ἄλλως). 203, 2. 649, 3. 756. Ai. v. 172. 183 (ἀφρονεῖ st. ἄφρων εἶ). 1085, 2. 1100, 2. Elektr. v. 121, 2 etc. etc. Das Uebel ist gross auch an Stellen, wo τὸ in τῷ oder τῷ in τὸ übergeht; diesen Fall wollen wir genau betrachten: Oed. auf Kol. v. 495, 2 steht: λείπομαι γὰρ τῆς πράξεως ὑπὸ δύο κακῶν, τῷ τε μὴ δύνασθαι καὶ τὸ μὴ ὁρᾶν; Niemand kann glauben, dass der Scholiast bei δύνασθαι den Dat., bei ὁρᾶν aber den Acc. geschrieben habe; es ist wohl τῷ μὴ ὁρᾶν zu corrigiren; v. 504, 3: δηλοῦται δὲ ταὐτὸν τὸ δεήσει; v. 916, 4: τὸ παρίστασθαι ἴσον ἐστὶ τὸ καταδουλοῖς; dürfen wir einen so absurden Ausdruck dem alten Scholiasten zutrauen, wie auch v. 1094, 3 τελευτᾷ δὲ εἰς ἴσον τὸ προσκαλοῦμαι und Elektr. v. 622 τοῦτο ὅμοιόν ἐστι τὸ . . .? oder sollen wir auch Elektr. v. 452 σύμφωνον τοῦτο τὸ . . und Ai. v. 40, 2 τὸ δὲ δυσλόγιστον ὅμοιον τὸ . . . und 162, 2 τὸ θορυβῇ σύμφωνον — τὸ . . etc. stehen lassen? ja es klingt wunderbar, wenn wir Ai. v. 168 lesen: θηλυκῷ τὸ ἀγέλαι ἐπήγαγεν ἀρσενικὴν μετοχὴν st. τῷ ἀγέλαι. Wieder finden wir Elektr. v. 561 ἐναντίον τὸ „ἡ γὰρ δίκη . .“ τὸ „ὡς οὐ δίκῃ . . .“ und Ai. v. 1114, 2 συνήθει γὰρ τό . . . und Trach. v. 24 und Oed. Tyr. v. 12, 2 ἴσον (Dind. st. ἴσος) τὸ ἀνάλγητος und 180, 2 τὸ αὐτὸ δέ ἐστι τὸ . . und sogar 672, 4 ᾧ δὲ ἡ βασιλεία μέλει, τοῦτο (!) οὐκ ἔστι παραβατὴ ἡ ἀρχή. Gleichlautende Aussprache und Trieb nach Assimilation (wovon später im II. Theile die Rede sein wird), haben u. a. jene Monstra im Schol. Oed. Tyr. v. 1191 κατ' ἀλήθειαν δὲ τούτῳ (!) ἀνθρώπῳ οὐκ ἔστιν und Antig. v. 126, 6 τῷ (!) δὲ ἀντιπάλῳ δράκοντι ἀντὶ τοῦ . . erzeugt. Wer nun die angeführten corrupten Stellen emendiren will, der dürfte wohl keinen Zweifel haben, dass auch χρῆσθαι τὸ und χρῆται τό u. ähnl. sofort in die richtigen Formen χρῆσθαι τῷ und χρῆται τῷ zu verwandeln sind; mag die Construction des Verbums mit dem Acc. bei den „recentioribus“ vorkommen, so oft sie will, es ist unglaublich, dass die Scholiasten, welche sich am häufigsten der richtigen Verbindung bedienten, an 6 Stellen diejenige mit τό vorgezogen hätten; denn auch meiner Rechnung nach kommt dieselbe nur an 6 Stellen vor, von denen 5 sich merkwürdiger Weise in den Scholien zum Oed. Tyrannos finden: v. 1, 3. 3, 2. 17, 2. 411, 2. 483, 2; die sechste steht Oed. auf Kol. v. 3, 6.

Wenn wir die Construction von ὅμοιος, ἴσος, ταὐτόν, συνᾴδειν, συμφωνεῖν, συνῳδόν, σύμφωνον, χρῆσθαι u. ähnl. mit dem Acc. auf die Abschreiber zurückzuführen haben, so kann ich wenigstens bezüglich der Auslassung der Part. ἄν in potentialem Sinne der Meinung vieler Gelehrten nicht beipflichten, welche die Partikel an Stellen, wo sie fehlt, ergänzen wollen; dieselben sind so zahlreich, dass man mit Recht fragt, ob es nicht die Gewohnheit der Scholiasten mit sich brachte, sich diese Ungenauigkeit gefallen zu lassen. Wir haben zwei Classen zu unterscheiden; die erste wird durch diejenigen Stellen gebildet, an welchen die Scholiasten den Optativ des Dichters in ihren Scholien unverändert beibehalten und dabei ἄν auslassen; die zweite bilden die Stellen, wo die Grammatiker den Optativ durch einen anderen, von ihnen gewählten, ersetzen, wobei ἄν wieder ausgelassen wird; für den ersteren Fall führe ich folgende Beispiele an: Oed. Tyr. v. 216—218 lauten:

αἰτεῖς· ἃ δ' αἰτεῖς, τἄμ' ἐὰν θέλῃς ἔπη
κλύων δέχεσθαι, — — — — — —.
ἀλκὴν λάβοις ἂν κἀνακούφισιν κ. τ.

: ὧν δὲ αἰτεῖς, ἀλκὴν λάβοις κἀνακούφισιν —, ἐὰν θέλῃς . . .; v. 857—858:

ὥστ' οὐχὶ μαντείας γ' ἂν οὔτε τῇδ' ἐγὼ
βλέψαιμ' ἂν οὕνεκ' οὔτε τῇδ' ἂν ὕστερον

: ὅθεν — οὔτε ἐπ' ἐκεῖνα τὰ ῥήματα οὔτε ταῦτα βλέψαιμι; cf. Oed. auf Kol. v. 882. Ai. 408, 2 etc. Für den andern Fall erwähne ich als Beispiele: Oed. Tyr. v. 203: βουλοίμην δὲ καὶ τὰ σὰ βέλη — καταμερίζεσθαι (= τά τε σὰ — βέλεα — θέλοιμ' ἂν — ἐνδατεῖσθαι). v. 498, 4 γένοιτο — ἕτερος προήκων (= σοφίᾳ δ' ἂν — παραμείψειεν), v. 1115 τῇ γνώσει ὑπερβάλλοις (= τῇ δ' ἐπιστήμῃ — προὔχοις τάχ' ἄν που), daher nicht mit Laskaris ὑπερβάλλεις zu schreiben:

ähnlich Trach. v. 747. Ai. v. 1012; deshalb ist auch nicht Ai. v. 879, 5 τίς — ἀπαγγεῖλαι mit Dindorf in τίς — ἀπαγγεῖλαι ἂν zu schreiben, sondern bloss ἀπαγγεῖλαι, auch nicht Oed. Kol. v. 1678 ὡς — τις ποθῆσαι mit demselben in ὡς — ἄν τις ποθήσαι zu verwandeln, sondern bloss ποθῆσαι zu setzen. Als weitere Beispiele der Auslassung von ἄν sowohl in potentialem Sinne, wie auch in der Apodosis eines hypothetischen Satzes führe ich an: Ai. v. 76, 2. 778. 1012. Oed. auf Kol. v. 465. 1047, 15. 1685, 2. Trach. v. 21, 4. 632. Ant. 338, 3. Oed. Tyr. v. 175 etc.

Um nebenbei ein Wort über ἄν mit dem Ind. Präs. und Fut. hinzuzufügen, bemerke ich, dass Elektr. v. 1641 λέγω δ' ἂν schon Elmsley in das richtige λέγοι δ' ἂν umgeändert hat; Oed. auf Kol. v. 1451, 2 ist schon ὃ ἂν γίνηται st. ὃ ἂν γίνεται hergestellt, ebenso v. 1195, 2 ὀνειδίζοι ἂν st. ὀνειδίζει ἄν. Ueber Oed. Tyr. v. 58, 2 οὐ τοσοῦτον — ὡς ἂν und Elektr. v. 226, 1 ἀκούσομαι ἂν cf. meine bez. Bem. im II. Theile.

Den Scholien ist entschieden die selten vorkommende Construction von ἐπειδάν mit dem Opt. abzusprechen, von der wenige zweifelhafte Beispiele auch die alten Autoren aufzuweisen haben; in den Scholien kommt dieselbe meines Wissens in Trach. v. 148 ἐπειδὰν γαμηθείη und 826 ἐπειδὰν παρέλθοι vor, an welchen beiden Stellen schon Brunck den Conj. hergestellt hat.

Was ὅταν betrifft, so haben die Abschreiber auch die mit ihm verbundenen Modi nicht verschont; Oed. Tyr. v. 34, 3 steht ὅταν φανεῖ (III. Pers.); hier hätte der Scholiast, wenn er sich einer besondern Syntax bedienen wollte, wenigstens ὅταν φανήσεται schreiben sollen; φανῇ hat schon Elmsley richtig hergestellt, wie die Romana Oed. auf Kol. v. 131 ὅταν — γενώμεθα st. γενόμεθα. Niemand kann glauben, dass der Scholiast Elektr. v. 89 geschrieben habe: ὅταν — ἐρέσσωσιν καὶ μὴ — περιωθεῖται ἡ ναῦς; der Herausgeber hätte die Verbesserung Bruncks περιωθῆται annehmen sollen.

Ἵνα wird unzählige Male, wie es sich gehört, entweder mit dem Conj. oder mit dem Opt. construirt; nun steht aber Trach. v. 161, 2 ἵνα — ποιήσομαι, welches Elmsley richtig in ποιήσωμαι verwandelt hat. Die Entscheidung über die Frage, ob wir die Verbindung der Partikel mit Ind. Präs. und Fut., welche bei den späteren häufig vorkommt, den alten Scholien absprechen dürfen, ist nicht leicht; von den wenigen Stellen, wo dieselbe sich findet, sind die meisten corrupt und ohne Zweifel zu emendiren; es ist ganz absonderlich, wenn wir Ai. v. 368, 3 lesen: ἵνα ἐκεῖνος μὲν — ἔχῃ τὴν παραμυθίαν. οἱ δὲ — τυγχάνουσιν (Elmsl. -ωσιν) ἀναπαύλης; richtig wird jetzt v. 784 gelesen: ἵνα — ἀκούσῃ — ἵνα μὴ δισσολογῶσιν st. δισσολογοῦσιν; Ai. v. 342: μεταβαίνει ὁ Αἴας ἐπὶ πολλά, ἵνα — ἀγωνίαι γίνονται hat der Herausgeber schon γίνωνται geschrieben, Oed. Tyr. v. 378, 2 ἵνα — ἀφορμὴν εὔλογον ἔχει, die Romana in ἔχῃ geändert. Vereinzelt stehen da Oed. Tyr. v. 112, 3 ἵνα καὶ ἀφορμὴ — γενήσεται (γένηται? Rom.), Ai. v. 34, 4 ἵνα — ἕξῃ (sic), 62, 3 ἵνα προεπιστάμεθα. 402 ἵνα ἐπίστανται und Oed. auf Kol. v. 785, 2 ἵνα ἡ Θήβη — ἔσται. Mit meinem Urtheile über diese 5 Stellen ἐπέχω. Wie es sich auch verhalten mag, sicher bleibt, dass die ungewöhnliche Verbindung der Partikel den Scholien abzusprechen ist, wo die Stellen am leichtesten zu corrigiren sind; vereinzelte Fälle, wie ἵνα ἐπίστανται. ἵνα ἔσται mögen bleiben.

So viel über den Sprachgebrauch der Scholiasten, durch dessen Berücksichtigung sich manche Fehler beseitigen lassen. Es bleibt uns aber noch eine ansehnliche Zahl von corrupten Stellen übrig, an denen wir auf unsere eigene Conjektur angewiesen sind. Mit der Herstellung der Fragmente der Dichter, die sich in den Scholien finden, hat sich die neue Kritik in den Ausgaben derselben genau befasst; über die Herstellung der Fragmente der Prosaiker werde ich bei der Behandlung des Scholions Trach. v. 172 kurz sprechen.

Was die corrupten Stellen der Scholiasten selbst betrifft, so ist die Erörterung und der Versuch zur Emendation derselben das Thema, womit ich mich besonders im II. Theile der Schrift beschäftigen werde; daselbst werde ich versuchen, auch die in dem Codex vorkommenden paläographischen Phänomene zu besprechen. — Wie bei anderen Texten, so gilt auch hier der Satz, dass zwar eine genaue Berücksichtigung der paläographischen Möglichkeiten absolut nothwendig ist, dass man sich aber hüten muss, jede Corruptel aufs genauste erklären zu wollen; es giebt Emendationen, die evident sind, ohne vom Standpunkte der Paläographie aus eine andere als höchst gesuchte und unwahrscheinliche Erklärung zuzulassen. Das Scholion zum v. 336 der Antigone lautet: χωρεῖ περιβρυχίοισι· τοῖς ἠχώδεσιν ἢ τοῖς καλύπτουσι τὴν ναῦν· τοῖς γὰρ ἐν τοιαύτῃ ὥρᾳ τοῦ ἔτους πλέουσι μόνον οὐχὶ τὰ κύματα φέρεται ἡ ναῦς· ἢ τοῖς κυματίζουσι τὴν ναῦν· τὸ μὲν γὰρ καθόλου κεκρυμμένον ὑπὸ

ὕδατος ὑποβρύχιόν ἐστιν· Ὅμηρος: „τὸν δ' ἄρ' ὑπόβρυχα θῆκε πολὺν χρόνον“ τὸ δὲ ἕτερον περιβρύχιον καλεῖται. Der Chor sagt, dass der Mensch

καὶ πολιοῦ πέραν πόντου χειμερίῳ νότῳ
χωρεῖ, περιβρυχίοισιν
περῶν ὑπ' οἴδμασιν.

Von dem W. περιβρύχιος sind drei Erklärungen in dem Scholion aufgestellt: ἠχώδεσιν, καλύπτουσι, κυματίζουσι τὴν ναῦν; was kann nun τὰ κύματα φέρεται ἡ ναῦς bedeuten? absolut nichts; durch den Satz τοῖς γὰρ κ. ἑ. soll offenbar das καλύπτουσι erklärt, soll uns gesagt werden, warum περιβρύχιοισι an der betreffenden Stelle als „darunter verbergende“ aufzufassen ist, also meiner Ansicht nach: τοῖς γὰρ ἐν τοιαύτῃ ὥρᾳ τοῦ ἔτους (= χειμῶνος) πλέουσι μόνον οὐχὶ ⟨ὑπὸ⟩ τὰ κύματα φέρεται ἡ ναῦς; diese Erklärung widerlegt der zweite Grammatiker, indem er sagt, das unter dem Wasser verborgene (ὑπὸ ὕδατος κεκρυμμένον) heisse nicht περιβρύχιον, sondern ὑποβρύχιον; der ersten Erklärung entspricht die Bemerkung der Herausgeber zum ὑπό: „fluctibus maris vento agitati, qui ita circum navem undique volvuntur, ut veluti mergi undis videatur“; das folgende κεκρυμμένον ὑπὸ ὕδατος hätte den Herausgeber, der die Brunck'sche παραδιόρθωσις „διὰ τὰ κύματα“ erwähnt, zu der richtigen Lesart führen können. Mag eine begabte paläographische Phantasie den Ausfall des nöthigen Wortes ὑπό erklären, wie sie will; ich wage es nicht; so lange man aber etwa zur folgenden Erklärung greift: οὐχί ⟨ὑΠὸ⟩ Τά, oder sogar: οὐχύ ⟨Πὸ⟩ Τὰ κύματα etc., deren ähnliche wir heutzutage leider zu viele erleben müssen, wird es mir vergönnt sein, an solche Kunststücke, wodurch die Evidenz der Verbesserung keineswegs verstärkt wird, nicht zu glauben.

Ein besonderes Capitel hätte in diesem I. Theile auch die Behandlung der Lemmata in Anspruch genommen; davon haben mich die glücklichen Forschungen vieler Gelehrten, besonders Paulis, befreit; übrigens sind die Stellen, wo die Ansichten der Herausgeber weit aus einander gehen, von geringer Anzahl; ich habe es deshalb vorgezogen, in dem nun folgenden II. Theile den einen oder den anderen Fall zu besprechen.

Von Ausgaben standen mir zu Gebote: Wunders, Schneidewin-Naucks, Erfurdt-Hermanns, Wolff-Bellermanns, Dindorfs, Loberks (Aias), M. Schmidts (Antigone), Jahns (Elektra).

II.

Pariter errant qui incorrupta temere tentant et qui explicant depravata. Sanior grammatica [illegible] opposita ducit ad criticam, neque natura cuiquam illam facultatem negavit, nisi cui negavit omnium iudicium.

Cobet.

Oedipus Tyrannos.

S. 1, v. 8. *Ὁ πᾶσι κλεινός: ἢ πᾶσι τοῖς ἐπιτηδεύμασιν ἢ ὑπὸ πάντων.*

Es herrschte im Alterthum der Zweifel, ob *πᾶσι* in dem betreffenden Verse:

ὁ πᾶσι κλεινὸς Οἰδίπους καλούμενος

als Neutr. oder als Mascul. zu fassen sei. Die vorliegende Lesart im Scholion beruht auf einer verfehlten Conjectur Elmsleys, während man im Codex liest: *ἢ πᾶσι τοῖς ἐπιτεύγμασιν ἢ υπ+ ποις* (B. II, S. 32); Letzteres hat die Romana in *ὑπ' ἀνῶν* geändert, sc. *ὑπ' ἀνθρώπων*, wie Brunck schrieb. Elmsley erklärte die tachygraphische Abkürzung als *ὑπὲρ ἀνθρώποις*, welches sich in einer Handschrift findet; *ἐπιτηδεύμασιν* endlich bietet ein Triklinischer Codex.

Das überlieferte *ἐπιτεύγμασιν* ist ohne Zweifel beizubehalten; zwar werden, wie Dindorf a. a. O. bemerkt, *ἐπιτήδευμα* und *ἐπίτευγμα* in einem Fragment bei Stob. Floril. B. II, S. 404, 22 ed. Mein. verwechselt, und *ἐπιτηδεύμασιν* wäre an und für sich nicht sinnlos; ich füge die Bemerkung hinzu, dass auch bei Hesych. B. II, S. 172 im Codex *ἐπίτδμα: ἐπιτυχία* gelesen wird statt *ἐπίτευγμα* (Musur.); *ἐπίτδμα* dürfte aus *ἐπιτήδευμα* entstanden sein, welches mit *ἐπίτευγμα* verwechselt ward. Indess giebt *ἐπιτεύγμασιν* („das Erreichte“, „das Glück“) an unserer Stelle einen sehr passenden Sinn, insofern sich Oedipus durch frühere Wohlthaten um Theben verdient gemacht hatte, welche der Priester

von v. 35 an preist, jene Thaten aber können am besten *ἐπιτεύγματα* genannt werden; cf. Schol. zu v. 40:

νῦν τ', ὦ κράτιστον πᾶσιν Οἰδίπου κάρα,

worüber die alten Grammatiker ebenfalls zweifelhaft waren: *ἢ ὑπὸ πάντων κράτιστος εἶναι ὑπολαμβανόμενος ἢ πᾶσι τοῖς προειρημένοις, τύχῃ, συνέσει, θεοφιλίᾳ.* Was Elmsley weiter *ὑπὸ πάντων* gesetzt hat, entfernt sich zu weit von der handschriftlichen Ueberlieferung, als dass es gebilligt werden könnte; auch weder *ἢ παρὰ ἀνθρώποις*, welches sich in einem Codex findet, noch *ἢ ὑπακουστέον ἀνθρώποις* (Dübner), welche Vermuthung Dindorf billigt, scheinen mir wahrscheinlich. Ich meine, dass der Abschreiber *π+* einfach zur Bezeichnung des erst kurz vorher einmal geschriebenen Wortes *πᾶσι* setzte, welches er zum zweiten Male auszuschreiben keine Lust hatte; er dachte, sein Leser würde am leichtesten verstehen können, um was es sich eigentlich handelt. Der Codex G. giebt *ἢ πᾶσιν κ. ἑ.*; ich möchte in L. schreiben: *ἢ ὁ πᾶσιν ἀνθρώποις.*

S. 5, v. 58. *Ὦ παῖδες οἰκτροί: οὐκ εἰς τὴν ἡλικίαν τοσοῦτον τὸ ὦ παῖδες. ὨC ÀN ἁρμόζον ἐστὶ τῷ φιλοφρονουμένῳ ἤθει, οἷον καὶ τό, ὦ τέκνα ἐν ἀρχῇ.*

Es ist zu schreiben: *οὐκ εἰς τὴν ἡλικίαν τοσοῦτον* —, ÖCON *ἁρμόζον κ. ἑ.*

S. 8, v. 130. *Ἡ ποικιλῳδός: ἠνάγκαζεν ἡμᾶς ἡ Σφίγξ, μεθέντας τὰ ἀφανῆ, τὰ κατὰ τὸν φόνον τοῦ βασιλέως, τὸ παρὰ ποσὶ κακὸν σκοπεῖν. Ἢ οὕτως· ἡ Σφὶγξ ἠνάγκαζεν ἡμᾶς, μεθέντας τὸ σκοπεῖν τὰ κατὰ τὸν φόνον, τὰ πρὸς ποσὶν ἀφανῆ ζητεῖν, τουτέστιν τὰ ἀφανῆ αἰνίγματα.*

v. 132. *Ἀλλ' ἐξ ὑπαρχῆς: αὖτις ζητεῖν τὰ παρακείμενα ἡμῖν. Οἷον, ἀναδραμοῦμαι ἐπὶ τὴν ἀρχὴν τοῦ πράγματος καὶ εἰς φῶς ἄξω.*

Was soll denn *αὖτις ζητεῖν τὰ παρακείμενα ἡμῖν* als Erklärung von *ἐξ ὑπαρχῆς αὖθις αὔτ' ἐγὼ φανῶ* bedeuten? die einzig richtige Interpretation dieses Verses folgt erst: *ἀναδραμοῦμαι κ. ἑ.* Brunchs Conjectur: *οἷον αὖθις ζητῶν τὰ παρακείμενα κ. ἑ.* ist grundfalsch; man braucht doch keinen besonderen Scharfsinn zu besitzen, um einzusehen, dass *ζητεῖν — ἡμῖν* gar nicht hierher, sondern zum Schol. v. 130 gehört, und zwar an das Ende desselben, von wo es der unvorsichtige Abschreiber an den Anfang des folgenden Scholions setzte, wie denn solche Metathesen auch an anderen Stellen der Scholien vorkommen;

cf. die Anm. Elmsleys Oed. auf Kol. v. 155. 156. 151, 9 und Dind. Ai. v. 190, 16 (B. II, S. 82) und v. 253, 2 (B. II, S. 84). Es ist alles folgendermassen in Ordnung zu bringen: v. 130—ἢ οὕτως· ἡ Σφὶγξ ἠνάγκαζεν — τὰ ἀφανῆ αἰνίγματα. Ζητεῖν τὰ παρακείμενα ἡμῖν. v. 132 Ἀλλ' ἐξ ὑπαρχῆς αὖθις: οἷον, ἀναδραμοῦμαι κ. ἑ. Αὖθις statt αὖτις habe ich mit G. geschrieben.

Auch die Lemmata werden manchmal versetzt (cf. meine Bem. Elektr. v. 125), wie folgendes Beispiel zeigen kann: v. 153 Δείματι πάλλων] ἀντὶ τοῦ παλλόμενος φόβῳ. ἀγωνιῶν. v. 155 Ἀμφί σοὶ ἀζόμενος] τοῦτο τοῖς πρὸ αὐτοῦ συναπτέον. So ordnete Elmsley die Scholien, während im Codex, wie er selbst mittheilt, sich ein Lemma δείματι πάλλων zum v. 155 findet, welches offenbar zum ersten Scholion gehört; es war also zu schreiben: v. 153 Δείματι πάλλων: — ἀγωνιῶν. v. 155. Ἀμφὶ σοὶ ἀζ.] etc.

S. 12, v. 190. Ἄρεά τε τὸν μαλερόν: ἀντὶ τοῦ. τὸν καταμαραίνοντα. Τάττει δὲ τοῦτο ἐπὶ τοῦ λοιμοῦ, τοῦ δίκην ἀναιροῦντος πολέμου.

Beide Codices, L. und G., haben τὸν δίκην ἀναιροῦντα πολέμου, welches Elmsley unnöthiger Weise in τοῦ δ. ἀναιροῦντος π. mit der Romana verändert hat; die überlieferte Lesart ist beizubehalten: — μαλερόν: ἀντὶ τοῦ. τὸν καταμαραίνοντα· τάττει δὲ τοῦτο ἐπὶ τοῦ λοιμοῦ· τὸν δ. ἀναιροῦντα πολέμου; der Scholiast nämlich hat, nachdem er am Anfang μαλερόν durch καταμαραίνοντα erklärt hatte, die Zwischenbemerkung hinzugefügt: τάττει δὲ τοῦτο ἐπὶ τοῦ λοιμοῦ, worauf er seine Erklärung wieder aufnimmt: τὸν δίκην ἀναιροῦντα πολέμου (sc. λοιμόν); durch Letzteres wird der Sinn des ganzen Lemmas wiedergegeben.

S. 14, v. 226 Πάντα] πάντα τὰ πραχθέντα.

Vielmehr: v. 226 Πάντα: τὰ πραχθέντα.

S. 15, v. 264 Αἱ τοιαῦται ἔννοιαι οὐκ ἔχονται μὲν τοῦ σεμνοῦ, κινητικαὶ δέ εἰσι τοῦ θεάτρου· αἷς καὶ πλεονάζει Εὐριπίδης, ὁ δὲ Σοφοκλῆς πρὸς βραχὺ ΜΕΝ αὐτῶν ἅπτεται, πρὸς τὸ κινῆσαι τὸ θέατρον.

Schreibe: πρὸς βραχὺ ΜΟΝΟΝ κ. ἑ. Die tachygraphische Abkürzung von μόνον ist bekannt; wie oft beide Wörter, μόνον und μέν, in den Handschriften verwechselt worden sind, brauche ich nicht in Erinnerung zu bringen. Ich verweise nur auf Cobets Misc. crit. S. 60. 468. 527. Var. Lect. S. 617. Collect. crit. S. 79. 80.

S. 15, v. 284 Ἄνακτ' ἄνακτι: ἀποκλειομένου τοῦ πέμπειν εἰς θεὸν καταφεύγουσιν εἰς τὴν ὁμοίαν μαντικήν· τῷ αὐτῷ δὲ ὀνόματι προσαγορεύει τὸν Τειρεσίαν, ᾧ καὶ τὸν θεόν, καὶ τὰ αὐτὰ ὁρᾶν ἐκείνῳ φησίν.

„Sensus postulare videtur εἰς τὴν ἀνθρωπίνην μαντείαν —“ Elmsl. Dass aber ὁμοίαν richtig ist, beweisen die folgenden τῷ αὐτῷ. τὰ αὐτά. Da Teiresias dasselbe wie Phoebus versteht, so ist seine μαντικὴ ὁμοία τῇ τοῦ Ἀπόλλωνος.

S. 18, v. 370 Ἴσον ἐστὶν ὁ Οἰδίπους παραβαλλόμενος, ὡς ὁ Ἀγαμέμνων πρὸς τὸν Κάλχαντα.

Der Scholiast will offenbar bemerken, die in den betreffenden Versen von dem Dichter geschilderte Situation sei ähnlich der der Ilias, wo ebenfalls Agamemnon und Kalchas in heftigen Streit gerathen; das Scholion hätte eigentlich (παραβαλλόμενος) πρὸς Τειρεσίαν lauten sollen, welches der Scholiast selbst vielleicht als selbstverständlich unterdrückt hat. In G. (B. II, S. 38) heisst es: ἴσως νῦν ἐστιν ὁ Οἰδίπους Ἀγαμέμνονι παραβαλλόμενος τειρέαν ὡς ἐκεῖνος Κάλχαν; erstens ist ἴσος zu schreiben, sodann bedeutet offenbar τειρέαν nichts Anderes als τειρέαν d. h. Τειρεσίαν; das Ganze also ist folgendermassen zu verbessern: ἴσος νῦν ἐστιν ὁ Οἰδίπους Ἀγαμέμνονι, παραβαλλόμενος <πρὸς> Τειρεσίαν, ὡς ἐκεῖνος (sc. Agam.) <πρὸς> Κάλχαντα. In L. ist ebenfalls ἴσος ἐστὶν κ. ἑ. zu corrigiren; im Schol. v. 12 kam das Gegentheil vor, nämlich der Uebergang von ἴσον in ἴσος; cf. Dind. B. II, S. 33.

S. 19, v. 417. Ἀμφιπλὴξ — ἐλᾷ ποτ' ἀρὰ] ἡ ἐξ ἀμφοτέρων ἐλασία, ἡ ἑκατέρωθεν πλήττουσα, ἔκ τε πατρὸς καὶ μητρός.

Ἐλασία erregt meiner Ansicht nach grosses Bedenken und kann durch die Lesart ἔλασις (G.) nicht vertheidigt werden, die wohl Correctur eines späteren Grammatikers ist, welcher dem ungewöhnlichen, seltenen Worte ἐλασία das übliche ἔλασις substituirte; übrigens will es mir nicht recht einleuchten, was ἐλασία als Erklärung von ἀμφιπλήξ, welches doch richtig durch das folgende πλήττουσα erklärt wird (cf. Hesych. B. I, S. 143 und Schol. Phil. v. 688, wo ἀμφιπλήκτων durch ἑκατέρωθεν πληττόντων wiedergegeben wird), bedeuten kann. Es war, wie ich glaube, ἐλᾶσα geschrieben, welches jene unpassende ἐλασία hervorgebracht hat; der Abschreiber hätte es ἐλαύνουσα lesen sollen, dies Wort aber gebraucht der Scholiast wegen des ἐλᾷ im Texte. Suidas s. v. ἀμφιπλήξ (B. I, 1, S. 307) hat, wie viele andere (cf.

meine Bem. Elektr. v. 1146), so auch diesen Fehler geerbt; bei ihm ist *ἐλασία* aus leicht zu verstehenden Gründen stehen zu lassen. Von Abkürzungen in der Mitte des Wortes erwähne ich hier bloss *θῶν* (gewöhnlich bedeutet es *θεῶν*), welches im Schol. Oed. auf Kol. v. 287, 5 zur Bezeichnung des W. *Θηβαίων* vorkommt.

S. 20, v. 477. *Ἐκεῖνος ὁ πεφονευκὼς πανταχοῦ κρυπτόμενος οὐ βούλεται ἑαυτὸν ἐμφανίσαι. Τὸ δὲ ἐξιχνεύειν ἐπήγαγεν καὶ τὰ ἄλλα ὀνόματα τροπικῶς, ὡς ἐπὶ ἄγρας ταύρων τῶν ὑπὸ πάντων ζητουμένων καλῶν καὶ ὥσπερ ἐν ὕλῃ κεκρυμμένων.*

Schon längst, als der zweite Band der Scholien mir noch nicht zu Gebote stand, hatte ich am Rande meines Exemplars der Ausgabe Wunders S. 62 die Vermuthung *κυνῶν* (st. des sinnlosen *καλῶν*) notirt, welche Lesart im Cod. G. sich findet, wie ich jetzt sehe. *Κυνῶν* ist passend an einer Stelle, wo von *ἰχνεύειν* die Rede ist; das Wort, gewöhnlich von den auf die Jagd ausgehenden Hunden gebraucht, wird in dem Sophokleischen Verse auf die Thebaner bezogen, welche *δίκην κυνῶν* den flüchtigen Mörder des Laios aufspüren und verfolgen sollen, der sich als *ταῦρος* in Wald und Gebirge verborgen aufhält. Zum Schluss sei mir eine Bemerkung über die Erklärung von *πάντα* in den v. 473—475:

ἔλαμψε — —
φάμα — τὸν ἄδηλον ἄνδρα πάντ' ἰχνεύειν

erlaubt. Dindorf und Wolff nehmen *πάντα* als Subj. von *ἰχνεύειν*, Hermann und Nauck *ἄνδρα πάντα*; Wunders Ansicht ist sehr bedenklich; Dind. und Herm. erwähnen die Erklärung der Alten, wonach *πάντα* = *πανταχοῦ*; das ist dahin zu berichtigen, dass *πάντα* im v. 476 von dem Scholiasten durch *πανταχοῦ* erklärt wird, während man aus dem Satze des oben angeführten Scholions zu v. 477: *ὡς ἐπὶ ἄγρας ταύρων τῶν ὑπὸ πάντων ζητουμένων* ersehen kann, dass schon das Alterthum die richtige Auffassung des Wortes kannte; denn wäre dies nicht der Fall, wodurch hätte sich der Scholiast veranlasst fühlen können, das W. *πάντων* hinzuzusetzen?

S. 25, v. 669. *ὁ δ' οὖν ἴτω: ἐν δὲ τοῖσδ' ἴσως ὁμοίως πρὶν πιστοί. Τὸ φιλόκοινον αὐτοῦ κἀνταῦθα δείκνυσιν, ὡς οὐ δι' ἑαυτὸν παρακεχωρηκότος.* G. B. II, S. 41.

Τὸ φιλόκοινον — παρακ. bezieht sich auf v. 669: *ἐν δὲ τοῖσδ' — πιστοί* ist fälschlich nach *ἴτω* eingeschoben, wie v. 677 zeigt:

(*πορεύομαι*)
σοῦ μὲν τυχὼν ἀγνῶτος, ἐν δὲ τοῖσδ' ἴσος.

Es war also zu schreiben: *ἐν δὲ τοῖσδ' ἴσος*: ὁμοίως ⟨ὡς⟩ *πρὶν πιστός*.

S. 29, v. 899. *Ἄβαι τόπος Λυκίας, ἔνθα ἱερόν ἐστιν Ἀπόλλωνος. Ἢ διὰ τῶν Σαμίων ὅτι καὶ ἐκεῖ μαντεύονται, ὡς καὶ Πίνδαρος, ἢ ἐπὶ τῶν πανηγύρεων, ὅτι καὶ τῶν τοιούτων ἀφίξομαι, εἰ μὴ ταῦτα φανερωθῶσιν.*

Die v. 897 ff. lauten:

οὐκέτι τὸν ἄθικτον εἶμι γᾶς ἐπ' ὀμφαλὸν —,
οὐδ' ἐς τὸν Ἀβαῖσι ναόν, οὐδὲ τὰν Ὀλυμπίαν,
εἰ μὴ τάδε χειρόδεικτα
κ. ἑ.

Statt des sinnlosen *ἢ διὰ τῶν Σαμίων* hat L.: *η Δ, ͂ σαμῖ*; Boeckh wollte *διὰ τῶν Ἰαμιδῶν* schreiben, „ut late sparsa Iamidarum Apollinea gens etiam Abarum Phocicarum oraculum tenuerit". B. II, S. 43. Die Conjectur ist zwar geistvoll, kann aber nicht glücklich genannt werden; offenbar zeigt das folgende *ἢ ἐπὶ τῶν πανηγύρεων*, welches der Scholiast als eine Erklärung des *Ὀλυμπίαν* aufstellte, dass eine erste verschiedene Interpretation desselben Wortes vorhergegangen ist; denn dass jenes *η Δ, ͂ σαμῖ* sich sehr wahrscheinlich auf Olympia und nicht auf Abä bezieht, lehrt die Erwähnung von Pindar, welcher Olymp. 6, 5 sagt: *εἰ δ' εἴη μὲν Ὀλυμπιονίκας βωμῷ τε μαντείῳ ταμίας Διὸς ἐν Πίσᾳ* und 8, 2: — *Οὐλυμπία* —, *ἵνα μάντιες ἄνδρες ἐμπύροις τεκμαιρόμενοι παραπειρῶνται Διός*.

Δ, ist wahrscheinlich nichts Anderes als *διά*, trotz des Einwandes Dindorfs B. II, S. 43: „compendium quod Elmsleius ex L. memorat, *δαι* potius significat quam *διά*", denn vgl. das Schol. zum v. 937: *διὰ μὲν τὸ εὖ πράσσειν — ἡσθήσεσθαί φησιν αὐτήν, ἀσχάλλειν δὲ Δ, τὸ ἀπιέναι Οἰδίπουν ἐπὶ τὰ οἰκεῖα*, d. i. *διὰ τὸ ἀπιέναι*. In G. findet sich *ἢ διὰ τῶν σημείων*, in B *ἢ διὰ σημίων*; ͂ kann meines Wissens in L. ebenso gut *τά* und *τό* bedeuten, wie denn auch *τάς*, *τόν* (Trach. v. 834, 3, worüber vgl. m. Bem.), *τοῦ* (Oed. Tyr. v. 1400, worüber weiter unten); vermuthlich ist das Scholion folgendermassen zu restituiren: *ἢ διὰ τὰ σημεῖα, ὅτι καὶ ἐκεῖ* (sc. *ἐν Ὀλυμπίᾳ*, nach dem Texte) *μαντεύονται*, —, *ἢ ἐπὶ τῶν πανηγύρεων ὅτι κ. ἑ.* Nach der ersten Erklärung also wollte der Chor mit *Ὀλυμπίαν* das Zeusorakel bezeichnen, wo die *μάντιες ἄνδρες* vermittelst der Brandopfer *Διὸς παραπυρῶνται*, welche der Chor nicht mehr besuchen werde, so lange die *μαντεία* des Apollon sich nicht als wahr herausstelle; durch *οὐκέτι εἶμι τὰν Ὀλυμπίαν* meint der Chor, dass er nicht mehr *διὰ τὰ σημεῖα* (*τὰ ἔμπυρα*), der *σημεῖα* wegen dahingehen werde; nach der zweiten Interpretation ist *τὰν Ὀλυμπίαν* nicht auf das Orakel und dessen Zeichen, sondern auf *τὰς πανηγύρεις* zu beziehen, von denen der Chor ebenfalls *ἀφέξεται*.

Bergk Poet. lyr. Gr. S. 372 vermuthete: *ἢ Δία τὸν Ὀλύμπιον σέβων* etc., welches sich zu weit von der Ueberlieferung entfernt.

S. 30, v. 911. *Ἐξέρχεται Ἰοκάστη δυσφοροῦντος τοῦ Οἰδίποδος καὶ ἱκετεύει τὸν ἀνέα Ἀπόλλωνα ὅπως λύσιν τινὰ τῶν κατεχόντων αὐτῇ παράσχῃ.* G. B. II, S. 43.

Es ist wohl *ἄνακτα* zu schreiben; die Abkürzung *ἀνᾶ* wurde vom Abschreiber fälschlich in *ἀνέα* aufgelöst. Aus solchen Missverständnissen und verkehrten Auffassungen der Abkürzungszeichen kamen viele lächerlichen Lesarten oft in L., öfter in G. vor. In demselben Scholion des letzteren Codex heisst es weiter: *εἰ δὲ φαίη τις πῶς ἡ πρὸ βραχέος λοιδορουμένη οὕτως δὴ καὶ κατ᾽ ἀρχὰς ἧκεν ἐπὶ τὸ διασύρειν τὴν μαντικήν, ἐκείνῳ χαρίζεσθαι βουλομένη, ἡνίκα δυσφοροῦντα ὁρᾷ, ἐπὶ τὸν Ἀπόλλωνα καταφεύγει; — ἐμφαίνει δὲ ὁ λόγος κ. ἑ.*; ich bezweifle, dass man Construction in diesem Satze finden kann; der Abschreiber fand, glaube ich, *ἡκ˜* vor, welches er in *ἧκεν* auflöste, st. *ἤκουσα*, wie zu schreiben ist. Besonders oft kommen in L. (gewöhnlich bei den letzten Wörtern der Lemmata, worüber s. m. Bem. zum v. 1696 des Oed. auf Kol.) und G. die Abkürzungen durch Weglassung der letzten Sylben vor, oder durch Bezeichnung derselben durch verschiedene Zeichen wie ´ und ˜ oder ^; daher die Verwechselung zwischen *τῆς* — *τοῦ* (Oed. Tyr. v. 151, 9), *τό* — *τοῦ* (worüber s. m. Bem. zum v. 1056), *τοῦ* — *τά* (worüber vgl. m. Bem. zum v. 903 der Trach.), *τούς* — *τάς* (Trach. v. 344, 3), *τήν* — *τόν* (Trach. v. 344, 4) um mich auf die Casus des Artikels zu beschränken. Die Auslassung von Sylben in der Mitte des Wortes (die gewöhnlich durch eine übergeschriebene Linie — bezeichnet werden) kommt auch in G. vor, daher steht im Schol. v. 915: *οὐχ ὡς συνετὸς ἀνὴρ διὰ τῶν φθασάντων τὰ πάντα γινώσκει* st. *παρόντα* (d. i. *παντα*).

S. 33, v. 1056. *Συνιήσιν ἤδη τὸ πᾶν ἡ Ἰοκάστη καὶ θέλει ἤδη ἑαυτὴν διαχειρίσασθαι* —. *Τοῦτο δὲ δηλοῖ διὰ τὸ ἅλις νοσοῦσ᾽ ἐγώ* (v. 1061).

Schr.: *διὰ τοῦ κ. ἑ.* Als Beispiele der Verwechslung der Casus *τοῦ* mit *τό* führe ich an: v. 938. Oed. auf Kol. v. 226, 3 (*ὑπέσχεσθε τοῦ μὴ ἐκβαλεῖν* st. *τό*, wie der Cod. Lobkow. giebt; Lange Spec. IV, S. 4), 1226, 3 (*τὸ μὴ φῦναι* st. *τοῦ μὴ φῦναι*; cf. Lange Spec. V, S. 6). Phil. v. 803. Trach. v. 1161, 2 (Lange Spec. IV, S. 7) etc.

Die Verwechslung kommt auch in den Homerischen Scholien sehr oft vor; cf. Schol. in Odyss. ed. Dind. B. I, S. 89, 4 mit Praef. XLIII, S. 95, 8. 167, 6. Unverbessert bleibt noch die Stelle B. II, S. 581, 2 (Odyss. ξ 29): *ὑλακόμωροι* — *οἱ περὶ τοῦ ὑλακτεῖν μεμορημένοι, ὅ ἐστι πεπονημένοι*; schr.: *οἱ περὶ τὸ ὑλακτεῖν* etc. Aehnlicher Weise werden auch *τοῦτο* und *τούτου* verwechselt; cf. Schol. Odyss. B. I, S. 30, 6 mit Praef. XXXI und II, S. 574, 22 mit S. 790. Zwei Stellen bleiben noch unverbessert: B. I, S. 346, 3 (*Η* 243): *διὰ τοῦτο εἰς ἐπιθυμίαν αὐτοὺς ἄγει καὶ τῶν προσυμβεβηκότων αὐτῷ*; schr.: *διὰ τούτου*. S. 309, 11 (Ζ 176): *αὔξει διὰ τοῦτο τὸν ἔλεον*; schr.: *διὰ τούτου*.

S. 37, v. 1264. *Ἑώρα λέγεται κρέμασις, ὕψωσις, μετάρσις· ὅθεν καὶ μετέωρος.*

Es folgt in G. (B. II, S. 46): *ἑώρα*] *διὰ τὸ μέτρον γρ. τὸ ε ψιλόν. δίφθογγόν ἐστι. ταῦτα μέντοι ἀλο˝ εἰσὶ καὶ γὰρ οὐκ ἐθεάσω. καὶ ταῦτα ὁ σκολιογράφος. περὶ τοῦ μ ὥρα ἅτε ψιλόν. Τζέτζης δέ φησι δίφθο˝ μὲν γράφεσθαι, διὰ δὲ τὴν ἐπαλληλίαν τῶν φωνηέντων κοινὴν καὶ αὐτὸ εἶναι συλλαβὴν καὶ βρα˟ δέχεσθαι ὥστε Ἴστρος τοιαύτας παρθένους λόχεται: καὶ πα᾽ Ὁμήρῳ καὶ ἑτέροις καὶ ἕτερα μυρία.*

Am Schlusse des Scholions hat Dind. richtig geschrieben: *ὡς τό:*

Ἴστρος τοιαύτας παρθένους λοχεύεται·

es ist ein Vers aus der Aeschyleischen Niobe, der auch von Hephaest. p. 7 erwähnt wird; Nauck fragm. 150 S. 39. Dind. Poet. scen. ed. V. 159, S. 111. Ein Räthsel bleibt am Anfang des Scholions: *ταῦτα* — *ἐθεάσω*, welches ein Anderer erklären möge; wir haben es wahrscheinlich mit einem Verse eines Dichters zu thun, durch welchen der Grammatiker die Möglichkeit der Schreibart ἐώρα st. αἰώρα (welches δίφθογγόν ἐστι, d. h. mit Diphthong geschrieben wird; cf. Bast Greg. S. 34 ff.) bestätigen wollte; cf. Eustath. zur Il. Γ p. 389, 42: — ἐξ οὗ καὶ ἡ αἰώρα — ὅτι δὲ ἡ ῥηθεῖσα αἰώρα καὶ διὰ τοῦ ι ψιλοῦ ἔχει τὴν ἄρχουσαν, ὡς δηλοῖ οὐ μόνον τὸ πλεκταῖς ἐώραις ἐμπεπλεγμένην ἀλλὰ καὶ τὸ μετέωρος, ἕτεροι ἐπαγωνιζέσθωσαν. Statt σκολιογράφος ist vielleicht σχολιογράφος zu schreiben: περί τοῦ μ ist meiner Ansicht nach s. v. a. περὶ τοῦ μέτρου. ὤρα — αἰώρα, βρα' — βραχὺ. δίχθαι — δέχθαι — δέχεσθαι (so giebt auch bei Hesych. B. I, S. 127 s. v. a. ἀλληλουχία der Codex διαδέχθαι st. διαδέχεσθαι, wie schon Tafel schrieb; die Stelle führe ich hier vollständig an, da sie meiner Meinung nach einer kleinen Correctur bedarf: ἀλληλουχία: ἀλλήλους διαδέχεσθαι καὶ συνέχειν καὶ συγκροτεῖν: ich würde recht gut συγκρατεῖν verstehen); demnach ist das Ganze folgendermassen herzustellen: καὶ ταῦτα ὁ σκολιογράφος (?) περὶ τοῦ μέτρου αἰώρα ὅτι ψιλόν (sc. ὅτι ψιλῶς γράφεται cf. Bast a. a. O.). Τζέτζης δέ φησι δίφθογγον μὲν γράφεσθαι, διὰ δὲ τὴν ἐπαλληλίαν τῶν φωνηέντων κοινὴν καὶ αὐτὸ (sc. τὸ αι) εἶναι συλλαβὴν καὶ βραχὺ δέχεσθαι κ. ἑ.

Merkwürdiger Weise führt weder Nauck noch Dindorf diese Stelle als Quelle für den betreffenden Vers an, während beide den Codex G. als Quelle für das 39 (49) Sophokleische Fragment erwähnen, welches uns auch Suidas s. v. βαιαί B. I, 1, S. 974 erhalten hat; in einer neuen Ausgabe möge auch diese fünfte Quelle (die anderen sind Hephaestion, Priscianus, Eustathios und noch ein anderer Grammatiker) ihren Platz finden.

Möge hier eine zweite ähnliche Bemerkung hinzugefügt werden. Wie bekannt hat Euripides zwei Ἀλκμέωνας gedichtet, von denen sich einige Fragmente erhalten haben, den einen διὰ Ψωφῖδος, den anderen διὰ Κορίνθου, wie die Grammatiker gewöhnlich die gleichnamigen Tragödien unterscheiden; in den Ausgaben Naucks (S. 302 ff.) und Dindorfs (S. 295) werden als Quellen für den Mythos vom ersten Drama Hyginus fab. 73 und Apollodoros 3, 7, 5 angeführt. Ausser Euripides hat auch Sophokles dieselbe in einer ebenfalls Ἀλκμέων betitelten Tragödie behandelt, von der uns drei unbedeutende Fragmente überliefert sind. Zufällig las ich neulich das Plutarch'sche Werk περὶ Φυγῆς (Wyttenb. Plut. Mor. Oxon. 1797. B. III, S. 415 ff.), in dem ich eine Stelle gefunden habe, welche sich wahrscheinlich auf die

genannten Tragödien bezieht; das neunte Capitel (p. 603, d. e.) lautet: οἶμαί σε τῆς Νάξου γεγονέναι θεατήν, εἰ δὲ μή, τῆς Θουρίας ἐνταῦθα πλησίον οὔσης· ἀλλ' ἐκείνη μὲν ἐχώρει τὸν Ἐφιάλτην καὶ τὸν Ὦτον, αὕτη δὲ τοῦ Ὠρίωνος ἦν οἰκητήριον. Ὁ δὲ Ἀλκμαίων ἰλὺν νεοπαγῆ τοῦ Ἀχελῴου προσχωννύντος ἐπῴκησεν ὑποφεύγων τὰς Εὐμενίδας, ὡς οἱ ποιηταὶ λέγουσιν· ἐγὼ δὲ κἀκεῖνον εἰκάζω φεύγοντα — στάσεις — ἑλέσθαι — ἐν ἡσυχίᾳ κατοικεῖν.

Dies bezieht sich auf den Alkmaeon διὰ Ψωφῖδος, dessen Mythos uns Apollodoros a. a. O. überliefert, wie folgt: Ἀλκμαίωνα δὲ μετῆλθεν ἐρινὺς τοῦ μητρῴου φόνου καὶ μεμηνὼς — εἰς Ἀρκαδίαν πρὸς Ὀικλέα παραγίνεται, ἐκεῖθεν δὲ εἰς Ψωφῖδα πρὸς Φηγέα. — Γενομένης δὲ ὕστερον τῆς γῆς — ἀφόρου, —, τὸ μὲν πρῶτον πρὸς Οἰνέα παραγίνεται εἰς Καλυδῶνα —, ἔπειτα ἀφικόμενος εἰς Θεσπρωτοὺς — ἀπελαύνεται, τελευταῖον δὲ ἐπὶ τὰς Ἀχελῴου πηγὰς παραγενόμενος καθαίρεταί τε ὑπ' αὐτοῦ καὶ τὴν ἐκείνου θυγατέρα Καλλιρρόην λαμβάνει καὶ ὃν Ἀχελῷος προσέχωσε τόπον κτίσας κατῴκησε.

S. 39, v. 1400. Τοὐμὸν αἷμα] τὸ πατρός φησιν.

Der Codex hat, wie Elmsley mittheilt, τα τ πρ φ, welches in τὸ τοῦ πατρός φησιν umzuändern war, wie auch in G. (B. II, S. 47) steht, in dem Folgendes hinzugefügt wird: τουτέστιν μὴ ἀπαξιώσηται (schr. -ητε) τοῦ θεοστυγοῦς ἀνδρὸς — προσάπτεσθαι. Dies bezieht sich auf v. 1413:

ἴτ', ἀξιώσατ' ἀνδρὸς ἀθλίου θιγεῖν.

Oedipus auf Kolonos.

S. 46, v. 71, 5 ff. Τὸ δὲ ἑξῆς· ὡς τί προσλέξων αὐτῷ μόλοι τις ἢ πρὸς τί εὐτρεπίσων αὐτὸν μολεῖν;

v. 70. 71 lauten in L.:

Οἰδ. ἆρ' ἄν τις αὐτῷ πομπὸς ἐξ ὑμῶν μόλοι;
Ξέν. ὡς πρὸς τί λέξων ἢ καταρτύσων μόλοι;

Ich bin der festen Ueberzeugung, dass der Scholiast in dem zweiten der angeführten Verse nicht zwei Lesarten μόλοι und μολεῖν gekannt hat, wie Dindorf ed. S. 18 und Wolff de Soph. schol. S. 166 meinen; den Beweis werde ich andern Ortes führen. Dass Suidas s. v. καταρτύσων B. II, 1, S. 127 μολεῖν st. *μόλοι* bietet, hat für unsere Frage fast keine Bedeutung, denn der Lexikograph hat, wie bekannt, auch an anderen Stellen die Scholien missverstanden und missbraucht; er fand in dem vorliegenden Scholion *μολεῖν*, welches er ganz einfach als eine Variante des Textes auffasste und dem *μόλοι* substituirte. Dasselbe ist ihm z. B. auch im v. 160 des Oed. Tyr.:

οὐδ' ἔνι φροντίδος ἔγχος,
(ᾧ τις ἀλέξεται)

vorgekommen, wo das alte Scholion lautet: *ἀλληγορικῶς ἡ βοήθεια, παρὰ τὸ ἔχεσθαι· οἷον, οὐκ ἔνεστι τῷ νῷ τῆς φροντίδος ἔγχος· τοῦτο δὲ οἷον τὸ διὰ τῆς βουλῆς καὶ προμηθείας γινόμενον ἀλέξημα καὶ ἀμυντήριον*; Suidas (B. I, 1, S. 98 s. v. *ἔγχος*) trug kein Bedenken den Vers folgendermassen zu schreiben: *οὐδὲ νῷ φροντίδος ἔγχος*, welches doch nicht in *οὐδ' ἔνι κ. ἑ.* zu ändern ist, wie Küster wollte. Dass der alte Scholiast *οὐδὲ νῷ* gelesen habe, ist eine Ansicht Bruncks und Elmsleys, der man heutzutage keinen Werth beilegen darf; auch die Meinung Dind. B. II, S. 49, der alte Grammatiker habe „*πρὸς τί λέξων* per tmesin dictum pro *τί προσλέξων*" genommen, bedauere ich sehr nicht theilen zu können. Vorläufig bemerke ich bloss, dass nach dem Texte selbst zu emendiren ist: *τὸ δὲ ἑξῆς, ὡς πρὸς τί λέξων αὐτῷ μόλοι τις ἢ πρὸς τί κ. ἑ.*, wie schon Sander (Wolff de Soph. schol. S. 166) vermuthete.

S. 46, v. 84. *Ὦ πότνιαι δεινώπες*] *τὸ ἐντελὲς ὦ πότνιαι.*

Wie an vielen anderen Stellen, so hat der Scholiast vielleicht auch in dem vorliegenden Verse: *ὦ· πότνιΑΙ δεινῶπες* die Wörter verkehrt getrennt: *ὦ πότνι' Αἱ δεινῶπες*, unbekümmert darum, ob -*αι* elidirt werden kann. Cf. Schol. v. 35 und m. Bem. v. 486 und Phil. v. 1001.

S. 49, v. 134. *Οὐδὲν ἅζοντα*] *οὐδὲν σέβοντα, ἀσεβῆ. γρ. οὐδὲν λιάζοντα. Ἀντὶ τοῦ οὐκ ἐντρεπόμενον ἃ προσήκει.*

Ἐντρεπόμενον schrieb Elmsley in dem Glauben, er hätte die handschriftliche Lesart *ἐκτρεπόμενον* emendirt; *ἐκτρεπόμενον* ist zweifellos richtig; denn die letzte Erklärung bezieht sich nicht auf *ἅζοντα*, welches schon durch *οὐδὲν σέβοντα, ἀσεβῆ* erklärt worden ist, sondern auf die Conjectur *λιάζοντα*, welches der alte Kritiker im Sinne des Med. *λιάζομαι* auffasste; *λιάζομαι* bedeutet, wie bekannt, „seitwärts ausweichen, weggehen", „*ἐκτρέπεσθαι*", wie es das Scholion treffend wiedergiebt; cf. Suidas B. II, 1, S. 571 s. v. *λιασθείς: ἐκκλίνας*, Hesych. B. III, S. 36 s. v.

λιάσαι: χωρίσαι, ἐκκλῖναι und *λιασθείς: χωρισθείς, ἐκκλίνας* und *λιάσθη: ἀπεχωρίσθη, ἐξέκλινεν.*

S. 50, v. 151, 3 ff. *Δυσαίων: δυστυχὴς καὶ γέρων εἶ, ὡς ἔστι τὸ στοχάσασθαι ἀπὸ τοῦ εἴδους.*

Schr.: *ὡς ἔστι ⟨τοῦ⟩το στοχάσασθαι κ. ἑ.*; so wurde auch im Schol. v. 225 *τούς* st. *τούτους* und v. 1665 *τοῦ* st. *τοῦτο* geschrieben, um mich auf diese Beispiele zu beschränken; in dem Scholion Odyss. B. II, S. 509, 29 steht *τό* st. *τοῦτο*.

S. 54, v. 237. *Τὸ τῆς Ἀντιγόνης πρόσωπον ὅλον καὶ τοῦ χοροῦ τὸ τετράστιχον ἀθετοῦνται —. Καὶ εἰ ταῦτα τῆς ὁμοίας ἔχεται δυνάμεως τοῦ ποιητοῦ καὶ καθόλου θαυμαστὴ — ἡ οἰκονομία.*

Ich vermuthe: — *καίτοι ταῦτα κ. ἑ.* Cf. Schol. Odyss. *Λ*, 568. B. II, S. 520, 22: *νοθεύονται — καίτοι οὐκ ὄντες ἀγενεῖς περὶ τὴν φράσιν.*

S. 63, v. 478. *Τὸ ὕδωρ ἐπὶ τῶν κρατήρων χέω;*

Schr.: *ἀπὸ τῶν κρ.*: denn nicht auf dieselben, sondern aus denselben (*ἢ τοῖσδε κρωσσοῖς οἷς λέγεις χέω τάδε;*) soll Oedipus die Libation darbringen. *Ἐπί* und *ἀπό* wurden auch an anderen Stellen verwechselt; cf. die Bem. Elmsl. v. 486.

S. 64, v. 486. *Ὥς σφας καλοῦμεν: ὡς καλοῦμεν αὐτὰς Εὐμενίδας, οὕτως αὐτὰς καλῶν κἀξευμενῶν καὶ ἵλεως ποιούμενος, ἱκέτευε αὐτὰς δέχεσθαί σε τὸν ἱκέτην ἐπὶ σωτηρίᾳ. Ἀπὸ τῶν στέρνων, ἀντὶ τοῦ μὴ ἐξ ἐπιπολῆς, ἀλλ' ἐνδιαθέτως.*

Κἀξευμενῶν und *ἵλεως ποιούμενος* zeigen uns, wie Wolff bemerkt hat (de Soph. schol. S. 221), dass der Scholiast beim Lesen des betreffenden Verses das: *Εὐμενίδας* ἘΞΕΥΜΕΝΩΝ verkehrter Weise als *Εὐμενίδας* ἘΞΕΥΜΕΝΩ̂Ν (Part.) auffasste, als ob es ein Verbum **ἐξευμενῶ* gäbe; deshalb ist nicht mit Triklinios und Brunck *ἐξευμενίζων* zu schreiben. Nach *σωτηρίᾳ* folgt nun der zweite Scholiast, um den Irrthum zu berichtigen und die richtige Erklärung nach der Lesart *ἐξ εὐμενῶν* zu geben. Dass es kein **ἐξευμενῶ* giebt, kann nicht als Einwand zu der oben erwähnten Ansicht vorgebracht werden; der Grammatiker hat sich unwillkürlich gezwungen gefühlt, ein solches zu bilden; auch *ἐναιμάσσω* ist unerhört, und doch hat er es im Schol. Phil. v. 1001 aus ähnlichem Missverständnisse gebildet; cf. m. darauf bez. Bem.

S. 64, v. 489. *Ἄπυστα φωνῶν: —, ἠρέμα καὶ συντόμως. Τοῦτο ἀπὸ τῆς δρωμένης, φησί, θυσίας ταῖς Εὐμενίσι φησί·*

μετὰ γὰρ ἡσυχίας τὰ ἱερὰ δρῶσι. Καὶ διὰ τοῦτο οἱ ἀπὸ Ἡσύχου θύουσιν αὐταῖς, καθάπερ Πολέμων ἐν τοῖς πρὸς Ἐρατοσθένην φησὶν οὕτω· „τῆς δὲ πομπῆς ταύτης Ἡσυχίδαι, ὃ δὴ γένος ἐστὶ παρὰ τὰς σεμνὰς θεὰς καὶ τὴν ἡγεμονίαν ἔχει, καὶ προθύονται πρὸ τῆς θυσίας κριὸν Ἡσύχῳ, ἱερὸν ἥρω τοῦτον οὕτω καλοῦντες διὰ γὰρ εὐφημίαν".

Am Anfang des Scholions ist φησί fälschlich wiederholt; entweder muss das erstere (Rom.) oder das zweite getilgt werden. Zu πομπῆς bemerkt Preller D. II, S. 53: „genitivus pendere videtur a verbo aliquo cum proxime antecedentibus omisso, velut ἐπιμελοῦνται". Ich meine, πομπῆς hängt von ἡγεμονίαν ab und vermuthe: „τῆς δὲ πομπῆς — Ἡσυχίδαι, ὃ δὴ γένος ἐστὶ περὶ (περὶ schrieb Bernhardy und diese richtige Lesart bietet der Codex Lohkow. Lange Spec. IV, S. 10) τὰς σεμνὰς θεάς, τὴν ἡγεμονίαν ἔχουσι καὶ προθύονται — κριὸν Ἡσύχῳ ἱερόν, ἥρω τοῦτον οὕτω (sc. Ἥσυχον) καλοῦντες κ. ἑ.".

Die Einschiebung von καὶ vor ἡγεμονίαν hat auch die Aenderung des ἔχουσιν in ἔχει veranlasst. Wiederholungen derselben Wörter kommen auch an anderen Stellen von L. vor, so des W. καί (Phil. v. 191, 3), des W. ἤ (s. m. Bem. Antig. v. 864) und δέ (Oed. auf Kol. v. 1593, 7 und 1051, 10). Cf. m. Bem. v. 701 unseres Dromos und Elektr. v. 219. Καί wurde oft auch in den Homerischen Scholien fälschlich wiederholt; die Stelle Il. Α, 115. B. I, S. 23, 15 ed. Dind. wartet noch auf eine Verbesserung: δέμας ὁ ποιητὴς τὸ ἔμψυχον εἴωθε λέγειν — οἷον „οὐ δέμας οὐδὲ φυήν" καὶ πάλιν „δέμας δ' ἤικτο γυναικί" — καί „ἐπεὶ — οὐδὲ ἔοικε θνητὰς ἀθανάτῃσι δέμας"· καὶ σῶμα δὲ καλεῖ τὸ ἄψυχον. Das letzte καί ist zu tilgen.

Wurde nun einmal καί vor ἡγεμονίαν fälschlich eingeschoben, so lag die weitere Corruptel sehr nahe; der Abschreiber veränderte ἔχουσι in ἔχει, damit dieses sich auf γένος beziehen könnte. Auch Umstellungen haben verschiedene Corruptelen in L. hervorgebracht; im Schol. Oed. Tyr. v. 93, 2 heisst es: ἐπεὶ μηδὲν ὑποπτεύειν περὶ ἑαυτοῦ οἴεται καὶ θεοφιλὴς εἶναι st. ἐπεὶ μηδὲν ὑποπτεύει — καὶ οἴεται θεοφ. εἶναι. An anderen Stellen hat die Corruptel eines Wortes die eines anderen nach sich gezogen; im Schol. Trach. v. 40, 3 hat die Schreibart Τρηχῖνα δ' ἕτοιμοι (st. Τρηχῖνα δέ τοι) die Aenderung des folgenden παρελαύνω in παρελαύνομεν zur Folge gehabt; cf. auch Phil. v. 105, 2. Oed. auf Kol. v. 663 heisst es: δεδώκασι γὰρ ἡμῖν; der Fehler δεδώκασι (st. δεδοίκασι) hat auch den Ueber-

gang von ἡμᾶς in ἡμῖν nach sich gezogen. Häufig sind in L. auch die „Assimilationscorruptelen" (wenn es mir erlaubt wird, ein solches Wort zu bilden), z. B. Phil. v. 144, 4: τόπον ἐσχατιαῖς] τὸν ἐπὶ τῷ ἐσχάτῳ τόπῳ st. τόπον (welches dem vorhergehenden ἐσχάτῳ assimilirt wurde), Oed. auf Kol. v. 237, 10: οὐδὲν δὲ — τούτων ὀβελισθέντων εὕρομεν st. ὀβελισθέν; ja Trach. v. 575, 2 heisst es: καταπαυστήριον τῆς φρενὸς τοῦ Ἡρακλέους — ἢ κατακηλοῦντος τὴν ψυχὴν τοῦ Ἡρακλέους st. κατακηλοῦν; es wäre nicht zu verwundern, wenn wir heute die Lesart καταπαύοντος hätten, wenn der Scholiast sich καταπαῦον τὴν φρένα st. καταπαυστήριον τῆς φρενός bedient hätte; cf. m. Bem. Ai. v. 194 und Trach. v. 1, 2. Aus den Homerischen Scholien sei mir erlaubt, drei ähnliche Stellen anzuführen, welche noch unverbessert sind: Odyss. θ ὑπόθ. B. I, S. 356, 8: ἔπειτα δὲ ἀγῶνα συντελεῖ (ὁ Ἀλκίνοος) αὐτοῖς ἐπὶ τῆς ἀγορᾶς, ἐν ᾧ προτρεψαμένου τοῦ Ὀδυσσέως Λαοδάμαντος τοῦ Ἀλκινόου παιδός κ. ἑ.; die Stelle hat keinen Sinn; der Accusativ ist nach dem vorhergehenden Gen. προτρεψαμένου assimilirt; schr.: προτρεψαμένου τὸν Ὀδυσσέα Λαοδάμαντος. ζ, v. 170. S. 308, 19:

χθιζὸς ἐεικοστῷ φύγον ἤματι οἴνοπα πόντον:

ἐπ' ἄλλο εἶδος μεταβαίνει εἰς ἔλεον κινῶν τὴν παρθένον· καὶ τὸ εἰκὸς τῷ τεχνικῷ· τὸ μὲν γὰρ τὰς δύο ἡμέρας τοῦ ναυαγίου εἰπεῖν ἧττον περιπαθές, συλλαβὼν δὲ τῶν ἡμερῶν τὸν ἀριθμόν, ἐν αἷς ἐτέλεσε, τὴν συμφορὰν ἐδεινοποίησεν. Zu τὸ εἰκὸς τῷ τεχνικῷ bemerkt Dindorf: „verba non integra". Das eine Wort εἰκοστῷ ist fälschlich von dem Abschreiber in zwei Wörter εἰκος — τῷ getrennt und in Folge dessen auch das folgende τεχνικῶς nach dem Dativ τῷ assimilirt (τεχνικῷ); ohne Zweifel ist zu schreiben: καὶ τὸ εἰκοστῷ τεχνικῶς· τὸ μὲν γὰρ κ. ἑ. κ, v. 136. B. II, S. 457, 7: αὐδήεσσα] ἤτοι περιβόητος; ἢ εἰς διάλεξιν καὶ προσαγόρευσιν ἀνθρώποις ἐρχομένην; schr.: ἐρχομένη.

Was zum Schlusse διὰ γὰρ εὐφημίαν in dem Sophokleischen Scholion betrifft, so kann ich keine wahrscheinliche Conjectur aufstellen; die Romana hat γάρ einfach in γοῦν, Triklinios in τήν geändert, Dindorf (D. II, S. 53) will es sogar tilgen. Da wir aus anderen ähnlichen Scholien das willkürliche Verfahren der Scholiasten bei der Anführung von Stellen verschiedener Prosaiker genau kennen lernen (cf. m. Bem. Trach. v. 172), so vermuthe ich, dass auch im vorliegenden Scholion die Stelle des Polemon am Schlusse verstümmelt überliefert ist; es wird manches ausgefallen sein, wie etwa: διὰ γὰρ εὐφημίαν ⟨μετὰ ἡσυχίας τὰ ἱερὰ δρῶσι oder θύουσι⟩.

S. 71, v. 701. *Γλαυκᾶς παιδοτρόφου*: — Ὁ δ' Ἴστρος καὶ τὸν ἀριθμὸν αὐτῶν δεδήλωκεν γρ. οὕτως. • • • εἶναι δὲ κλάδον ἀπὸ τῆς ἐν Ἀκαδημίᾳ ἐλαίας ἀπὸ τῆς ἐν ἀκροπόλει φυτευθῆναί φασιν. ἐπάρατον δὲ ποιήσαντας τοὺς ἐμβαλόντας αὐτὰς ἐκκόψειε φίλος ἢ πολέμιος· διὸ Λακεδαιμόνιοι τὴν λοιπὴν γῆν δῃοῦντες — τῶν — μορίων ἀπέσχοντο διὰ τὰς ἀράς.

Die verwirrte Stelle ist vermuthlich folgendermassen herzustellen: — ὁ δ' Ἴστρος καὶ τὸν ἀριθμὸν αὐτῶν δεδήλωκεν γράφων οὕτως· • • • εἶναι· ⟨τὸν⟩ δὲ κλάδον τῆς ἐν Ἀκαδημίᾳ ἐλαίας ἀπὸ τῆς ἐν ἀκροπόλει φυτευθῆναί φασιν (cf. Paus. 1, 30, 2), ἐπάρατον δὲ ποιῆσαι τοὺς ἐμβαλόντας αὐτάς (sc. τὰς ἐλαίας). ⟨Εἰ⟩ Ἐκκόψειε φίλος ἢ πολέμιος κ. ἑ.

Ἀπό nach κλάδον verdankt seine Existenz dem folgenden ἀπὸ (τῆς ἐν ἀκροπόλει); der Codex Lobkow. giebt: εἶναι δὲ κλάδον ἐλαίας ἐν τῇ ἀκαδημίᾳ ἀπὸ τῆς ἐν ἀκροπόλει φυτευθῆναί φασιν; Lange Spec. IV, S. 14 billigt diese Lesart mit der Aenderung von Elmsley ἔνιοι st. εἶναι, die mir bedenklich scheint. Triklinios schrieb: ἐπαράτους δὲ εἶναι τοὺς ἐμβαλόντας αὐταῖς ἢ ὅστις ἐκκόψειεν κ. ἑ.; indess bedeutet ἐμβαλόντας an unserer Stelle keineswegs „feindlich angreifen“, sondern „einpflanzen“ (s. die Lexika). Nach γράφων οὕτως wird nicht viel ausgefallen sein, vielleicht das Wort, wodurch die Zahl der Oelbäume angegeben wurde, welche Suidas s. v. μορίαι (B. II, 1, S. 881) auf 12 reducirt. Εἰ fiel auch im Schol. v. 1687, 2 aus; cf. m. Dem. Trach. v. 907. Elektr. v. 239.

S. 72, v. 718. *Ἑκατομπόδων Νηρῄδων*] ἀκολούθως ὅτι αἱ Νηρῄδες ν' εἰσιν.

Es ist wohl zu unterscheiden: v. 718 Ἀκόλουθος ὅτι αἱ Ν. κ. ἑ. v. 718—719:

τῶν ἑκατομπόδων
Νηρῄδων ἀκόλουθος.

Das Scholion bezieht sich zwar auf ἑκατομπόδων, daher hätte der Scholiast als Lemma τῶν ἑκατομπ. Νηρ.. mit oder ohne ἀκόλουθος schreiben sollen; solche Ungenauigkeiten aber sind den Alten nicht fremd; man findet Stellen, wo die Lemmata ent-

weder mit den Wörtern des Verses anfangen, deren Erklärung im Scholion nicht enthalten ist, oder mit jenen, die erst den mitzuerklärenden aber ausgelassenen Wörtern folgen; für den zweiten Fall führe ich als Beispiel an v. 663 unseres Dramas, wo πλώσιμον durch ἀδιάβατον erklärt wird; es ist klar, dass der Grammatiker nicht das nackte πλώσιμον, sondern οὐδὲ πλώσιμον erklären wollte; das nöthige οὐδέ liess er weg; deshalb ist weder hier εὐδιάβατον zu schreiben, wie manche wollen, noch im obigen Scholion ἀκολούθως mit Dindorf zu tilgen. Für den ersteren Fall erwähne ich folgende zwei Stellen; im Schol. Oed. auf Kol. v. 899 heisst es: ἄνιππον: ἀπὸ ὑποδημάτων. ἀντὶ τοῦ ὡς ἔχει σχήματος ἕκαστος; v. 899—900 lauten:

ἄνιππον ἱππότην τε θυμάτων ἄπο
σπεύδειν ἀπὸ ῥυτῆρος κ. ἑ.

Zum v. 900 wird bemerkt: ἀντὶ τοῦ βλαύτης. Τῶν δὲ ἐξηγησαμένων ἁπάντων αὐτὸ Πραξιφάνης δοκεῖ ἄμεινον ἀποδεδόναι. ἀκούων τὸ ὑπόδημα κ. ἑ.; das erste Scholion bezieht sich also nicht auf ἄνιππον, sondern auf ἀπὸ ῥυτῆρος; cf. Schol. Trikl. B. II, S. 307, 13 ff. und Suidas s. v. βλαύτη B. I, 1, S. 997 und σπεύδειν B. II, 2, S. 870. Der Grammatiker fing von ἄνιππον an, das Lemma zu schreiben, in der Absicht es bis ῥυτῆρος fortzusetzen (zwei ganze Verse stehen als Lemma im Schol. Antig. v. 69 u. a.); da fiel ihm ein, bei ἄνιππον stehen zu bleiben; er glaubte, sein Leser würde mit Hülfe des Textes leicht verstehen, worauf sich die Erklärung des Scholiasten beziehe. Aehnlich ist die Stelle Ai. v. 162: ἀλλ' οὐ δυνατὸν τοὺς ἀνοήτους: ἀνοήτων καὶ φθονερῶν καὶ διαθρεῖν τὰ τοιαῦτα ἀνεπιστημόνων· κἀνθάδε τὸ θορυβῇ σύμφωνόν ἐστι τῷ „τοιούσδε λόγους ψιθύρους πλάσσων“. Die Romana und Brunck schrieben: — ἀνοήτους καὶ φθονεροὺς καὶ — ἀνεπιστήμονας, um es mit dem Lemma in Einklang zu bringen; die Aenderung ist ἀνόητος; denn die v. 162—164 lauten:

ἀλλ' οὐ δυνατὸν τοὺς ἀνοήτους
τούτων γνώμας προδιδάσκειν·
ὑπὸ τοιούτων ἀνδρῶν θορυβεῖ.

Das Scholion bezieht sich offenbar auf τοιούτων.

S. 73, v. 813. *Μαρτύρομαι*] μάρτυρας καλῶ.

S. 74, v. 814. *Ἢν σ' ἕλω*] ἐάν σε ἕλω, δικαίως σε δηλονότι· Τιμωρήσομαι γάρ τούσδε, οἷα ἀνταμείβῃ με ῥήματα.

Die betreffenden Verse lauten:

Κρ. μαρτύρομαι τούσδ', οὐ σέ· πρὸς δὲ τοὺς φίλους
οἵ' ἀνταμείβει ῥήματ', ἤν σ' ἕλω ποτέ.

Dindorf (B. II, S. 55 und ed. S. 74) will *δικαιώσω* st. *δικαίως* schreiben; meiner Ansicht nach ist die Corruptel tiefer zu suchen; offenbar glaubte der Scholiast eine Aposiopesis am Ende des zweiten Verses annehmen zu dürfen; *μαρτύρομαι τούσδε* wurde richtig durch *μάρτυρας καλῶ* erklärt; es war also unmöglich bei *τούσδε* (*τοὺς ἀπὸ τοῦ χοροῦ*) ein Verbum *τιμωρήσομαι* zu suppliren; *τιμωρήσομαι* bezieht sich auf die Strafe des Oedipus, mit der ihn Kreon bedroht, indem er den Chor für die ungebührliche Aufnahme von seinen Verwandten zum Zeugen anruft. Ich zweifle nicht, dass wir es mit einem Scholion zu thun haben, welches uns von dem Abschreiber verstümmelt überliefert und dessen Verbesserung aus dem Texte selbst vorzunehmen ist; ich schreibe: *ἐάν σε ἕλω, δικαίως σε δηλονότι τιμωρήσομαι· ⟨μαρτύρομαι⟩ γὰρ τούσδε οἷα κ. ἑ.*

Μαρτύρομαι konnte sehr leicht nach *τιμωρήσομαι* ausfallen; dass übrigens in manchen Scholien Wörter ausgefallen sind, ohne dass man dafür eine paläographische Erklärung aufstellen kann, zeigen u. a. folgende Beispiele: Schol. Oed. auf Kol. v. 681, 15, wo ein nöthiges *ἁρπασθῆναι* ausfiel, welches Elmsley richtig, durch das vorhergehende *ἁρπάσαι* geleitet, ergänzt hat; Schol. Oed. auf Kol. v. 960, wo meiner Ansicht nach ein *καλῶς* (oder *εἰκότως* Br.) zu ergänzen ist, wovon der Inf. *λέγεσθαι* abhängen kann; Schol. Ai. v. 1382: *καί μ' ἔψευσας: ψευσθῆναι τῆς ἐλπίδος, ἣν κακῶς εἶχον περὶ σέ: ψευσθῆναι* schwebt hier in der Luft; wer kann den Ausfall des nöthigen *ἐποίησας* wahrscheinlich (denn durch unwahrscheinliche Kunststücke kann es jeder) erklären, so gross auch seine paläographische Phantasie sein mag? Der Sinn verlangt hier das *ἐποίησας* (wie im obigen Scholion das *μαρτύρομαι*); cf. die parallele Stelle Ai. v. 55: *ἔκειρε φόνον| — κείρων ἐποίει* (so schrieb Ritschl B. II, S. 78 st. des sinnlosen *ἐπήει*; schon das jüngere Scholion B. II, S. 199, 9 hat: *ἤγουν διὰ τοῦ κείρειν ἐποίει*) und Antig. v. 1158. Schol. Elektr. v. 865 lautet: *τοῦ χοροῦ εἰπόντος ἀπροϊδὴς ἡ κατὰ τὸν ἀγῶνα, ἡ Ἠλέκτρα πρὸς ἕτερον ἐπήγαγεν, ὅτι δὴ πέπονθεν ἀπροσδοκήτως ἐπ' ἀλλοδαπῆς τελευτῶν κ. ἑ.* Nach *ἀγῶνα* fiel zweifellos das Wort *λώβη* aus, welches Brunck ergänzt, Cod. G. (B. II, S. 120) giebt; übrigens möchte ich schreiben: *τοῦ χοροῦ εἰπόντος ⟨ὡς⟩ ἀπροϊδὴς ἡ κ. ἑ.* Cf. m. Dem. zum Schol. Trach. v. 148.

S. 74, v. 875. *Τὸ παλαιόν φησι βαρύ.*

Der Laurentianus giebt im Verse: *χρόνῳ* [γηρῶν] *βραδύς* [βαρύς]; das übergeschriebene hält Dindorf für corrupt aus *γήρᾳ βαρύς*; ich meine, *γηρῶν* ist ein Glossema, welches das Ganze *χρόνῳ βραδύς* erklärt, *βαρύς* aber eine Variante oder Correctur eines Grammatikers (die Wörter wurden sonst sehr oft verwechselt), die der Scholiast billigt. Die Ansicht Paulis (Jahresb. über das Archigymn. zu Soest S. 21), dass wir die angebliche Lesart des Scholiasten:

καί μοῦνός εἰμι καὶ γηρᾷ (sic) *βαρύς*

billigen sollen, scheint mir bedenklich. Was Wolff (de Soph. schol. S. 214) behauptet, wird niemand billigen.

S. 75, v. 926, 6 ff. *Παραφυλάττεσθαι δὲ ὡς δεινοποιεῖ τὰ τοῦ Κρέοντος ὁ Θησεύς κ. ἑ.*

Ich vermuthe: *παραφυλάττεσθαι δὲ ⟨δεῖ⟩ ὡς κ. ἑ.*

S. 76, v. 934. *Εἴ μὴ μέτοικος τῆσδε: ἀντὶ τοῦ ἔνοικος, οὐ γὰρ αὐτὸ τοῦτο τὸ ἔνοικος, ὡς ἡμεῖς φαμεν, εἴρηται· μετοίκους δὲ καλοῦμεν τοὺς ἀπὸ ἑτέρας χώρας οἰκοῦντας πρὸς τοὺς μετοικισθέντας ποθέν, τοῦτο δὲ ἔνοικον· κέχρηται δὲ καὶ Αἰσχύλος ἐπὶ τῶν οἰωνῶν ἐν Ἀγαμέμνονι λέγων οὕτω „τῶνδε μετοίκων“ ἀντὶ τοῦ ἐνοίκων. Μετοίκους γὰρ εἶπε τῶν ὑψηλῶν τόπων τοὺς οἰωνοὺς κἀκεῖσε ἀντὶ τοῦ ἐνοίκων.*

Mit Recht bemerkt Dindorf ed. S. 82: „confuse schol. de h. l. disserit“; obgleich der Sinn des Scholions leicht zu errathen ist, so ist doch die Emendation desselben unsicher; bei Suidas s. v. *μέτοικοι* (B. II, 1, S. 816 ff.) heisst es: *ἀντὶ τοῦ ἔνοικος· οὐ γὰρ αὐτὸ τοῦτο τὸ ἔνοικος, ὡς ἡμεῖς φ., εἴρηται· μετοίκους δέ —, πρὸς δὲ τοὺς μετοικισθέντας, — ἔνοικον· Αἰσχύλος τοὺς οἰωνοὺς τῶν ὑψηλῶν τόπων ἀντὶ τοῦ ἐνοίκους. Καὶ αὖθις κ. ἑ*; die Uebersetzung lautet: „apud Sophoclem vero sumitur de incola: —. Non enim hic eodem sensu sumitur, quo nos accipere solemus nomen“, als ob im Texte: *οὐ γὰρ τὸ μέτοικος κ. ἑ.* stände. Lange Spec. IV, S. 16 theilt uns mit, dass in dem Cod. Lobkow. *μέτοικος* statt *ἔνοικος* steht; damit ist nicht viel gewonnen; mir gefällt besonders nicht jenes *αὐτὸ τοῦτο*, welches ein Anderer verbessern möge. Nach *πρός* ist aus Suidas *δέ* hinzuzufügen, an dessen Stelle ich vermuthe: „*μετοικισθέντας — ἔνοικον· κ⟨αὶ⟩ Αἰσχύλος τοὺς οἰωνοὺς τῶν ὑψηλῶν τόπων ἀντὶ τοῦ ἐνοίκους*“ nämlich *μετοίκους* genannt hat, wenn dies W. nicht nach *τόπων* ausgefallen ist.

Die Conjectur Küsters ist willkürlich, die Bernhardysche unwahrscheinlich.

S. 77, v. 1006. *Ὤθ' οὕνεκ' εἴ τις γῇ*: *ὅτι οὕνεκα· ἐκ παραλλήλου τὸ αὐτό, ἀντὶ τοῦ εἴθ' ὤφελεν.*

Ich möchte schreiben: *ὅθ' οὕνεκ'* —: *ἀντὶ τοῦ ὅτι οὕνεκα· ἐκ παραλλήλου τὸ αὐτό, εἴθ' ὤφελεν.*

S. 82, v. 1220, 2 ff. *Οὐδ' ἔπι χόρος*: —· *φησὶ δὲ ὁ χορὸς τῷ πλεονεκτεῖν ἐθέλοντι παρὰ τὸ καίριον καὶ τὸ μέτριον, ἄχορός ἐστιν οὗτος, ἰσοτέλεστος, ὁμοίως ἀποθνήσκουσιν οἱ τοιοῦτοι· τὸ ἑξῆς δὲ ἰσοτέλεστος θάνατος, τὰ δὲ ἄλλα διὰ μέσου.*

Das Scholion ist verwirrt; v. 1219 ff. lauten in L.:

> *ὅταν τις ἐς πλέον πέσῃ*
> *τοῦ θέλοντος· οὐδ' ἐπίκουρος ἰσοτέλεστος*
> *Ἄϊδος ὅτε μοῖρ' ἀνυμέναιος*
> *ἄλυρος ἄχορος ἀναπέφηνε*
> *θάνατος ἐς τελευτάν.*

Eine zweite Hand corrigirte *ἔπι κοῦρος*, am Rande steht die Glosse *οἶμαι χόρος*, welche Lesart zwei andere Scholiasten, die nach dem angeführten Scholion folgen, erklären; ob auch der erste Scholiast die Lesart *χόρος* erklärt oder nicht, mag dahin gestellt bleiben; durch *τῷ πλεονεκτεῖν — μέτριον* kann er auch bloss das *ὅταν τις ἐς πλέον πέσῃ τοῦ θέλοντος* erklärt haben; von einer Lesart *ἐπίκουρος* findet sich keine Spur in den Scholien. Nun was kann *ἄχορός ἐστιν οὗτος κ. ἑ.* bedeuten? unter *οὗτος* ist zweifellos der *θάνατος* zu verstehen, und da ausdrücklich bemerkt wird, dass „*Ἄϊδος — ἀναπέφηνε*“ *διὰ μέσου* zu fassen ist, so leuchtet ein, dass sich *ἄχορος* vor *ἐστιν* fälschlich eingeschlichen hat; der Satz hätte lauten sollen: *τῷ πλεονεκτεῖν ἐθέλοντι παρὰ τὸ — μέτριον ἐστιν οὗτος* (sc. *ὁ θάνατος*) *ἰσοτέλεστος*, was durch *ὁμοίως ἀποθνήσκουσιν οἱ τοιοῦτοι* (*οἱ πλεονεκτοῦντες*) weiter erklärt wird.

S. 80, v. 1076. *Τάχ' ἐνδώσειν*: *τάχα ἐνδώσει κ. ἑ.*

Man kann nicht einsehen, warum der Herausgeber *τάχ' ἐνδώσειν* geschrieben hat, während die Handschrift, wie er selbst mittheilt, *τάχ' ἐνδώσειν τὰν δεινά* nach dem Texte als Lemma hat.

S. 83, v. 1231. *Τοῦτο ἰδίως ἐξήνεγκεν. βούλεται δέ τι τὸ τοιοῦτο σημαίνειν.*

— : *βούλεται δὲ τοῦτο τοιοῦτο σημαίνειν?*

S. 84, v. 1254. *Παραφυλάττεται πάλιν τὴν τέχνην τῆς ῥητορείας.*

Elmsley schrieb *παραφυλάττετε*; indess gebrauchen die Scholiasten bei solchen Fällen immer den Sing., *παραφύλαττε, παραφύλαξον, παρατήρει, ὅρα* etc. Ich vermuthe: *παραφύλαττε δὲ πάλιν κ. ἑ.* *Τε* (= *ται*) und *δέ* wurden häufig verwechselt; so im Schol. Oed. Tyr. v. 6, 2. 930. Oed. auf Kol. v. 1600, 6. Trach. v. 362, 8.

S. 88, v. 1494. *Ποσειδαονίῳ*] *Ποσειδῶνι*. [*εἰς τὸ αὐτό*]. *Ἀντὶ τοῦ Ποσειδῶνος ἐνάλιος θεός, ὁ δὲ ἑτέρως ἐσχημάτισεν κτητικώτερόν πως.*

Ich vermuthe: *ἀντὶ τοῦ Ποσειδῶν ἐνάλιος θεός*; darnach würde der Scholiast nicht bemerken, die Dative *ἐναλίῳ Ποσειδαονίῳ θεῷ* stehen an der Stelle der Nom., sondern dass *Ποσειδαονίῳ* s. v. a. *Ποσειδῶνι*, oder, was auf dasselbe hinauskommt, *Ποσειδαόνιος* s. v. a. *Ποσειδῶν*.

S. 95, v. 1696. *Οὔτοι κατάμεμπτος ἔβη*: *οὐκ ἐν τοῖς τοιούτοις ἔσται ὥστε καταμέμφεσθαι· ἤτοι ὡς ἂν ἐπικουφίζοντος αὐταῖς τὴν συμφορὰν τοῦ βασιλέως· ἢ οἷον, οὐκ ἐν χείρονι νῦν ὑμῖν ἔσται τὰ πράγματα.*

Ueber das Scholion kann man nichts mit Sicherheit behaupten; im Texte steht:

> *μηδὲν ἄγαν φλέγεσθον· οὔ τοι κατάμεμπτ' ἔβητον.*

Elmsley schrieb: *ἐστὶ ὥστε κ. ἑ.*, welches dem *ἔβητον* entspricht; dass in dem Lemma *ἔβη* st. *ἔβητον* steht, wird meiner Meinung nach dem Umstande verdankt, dass der Abschreiber *ἔβη* st. des abgekürzt geschriebenen *ἔβη'* (= *ἔβητον*) zu lesen glaubte; denn wie oft die letzten Wörter der Lemmata in dem Codex abgekürzt worden sind, lehrt uns die Mittheilung Dindorfs B. II, S. 61: — „ultimum lemmatis vocabulum in tertia circiter lemmatum parte Aeschyli ac Sophoclis compendiose scriptum in L.“. Aus den vielen Beispielen meiner Sammlung erwähne ich Trach. v. 377 *πεφ^υ* (B. II, S. 70) = *πέφυκεν*, 885 *βελ'* = *βέλεος*, Phil. v. 1163 *πελ^α* (B. II, S. 113) = *πέλασσον*, Ai. v. 172 *ταυροπω^λ* = *ταυροπόλα*, Antig. v. 376 *ἀμφ* (B. II, S. 65) = *ἀμφιγνοῶ*, 486 *ὁμαιμ^ο* = *ὁμαιμονεστέρας*, 834 *θεογ'* = *θεογεννής*, 851 *βρο^ι* = *βροτοῖς*, 955 *ὀξυχο^λ* = *ὀξυχόλως*.

Κατάμεμπτος ist vielleicht ein Schreibfehler st. *καταμέμπτως*, welches dem *κατάμεμπτ'* substituirt wurde, wie im Lemma Ai. v. 85 *καίπερ* dem *καί*; *οὗτοι κατάμεμπτ' ἔβη* entspricht genau der zweiten Interpretation: *ἢ οἷον οὐκ ἐν χείρονι νῦν ὑμῖν ἔσται τὰ πράγματα*, während als Lemma zur ersten Erklärung *οὗτοι κατάμεμπτ' ἔβητον* zu betrachten ist. Ich kann der Meinung Hartungs nicht beitreten, wonach *κατάμεμπτος ἔβη* „non vitiose scriptum, sed alius scripturae interpretatio esse videatur, *οὗτοι κατάμεμπτ' ἔβη γάρ*, ut Oedipus intelligatur" Dind. ed. S. 136. Auch Nauck, welcher mit den gegebenen Erklärungen des Verses nicht zufrieden ist, benutzt das Lemma, um die Vermuthung *οὔ τοι κατάμεμπτος αἶσα* aufzustellen, ed. Anhang S. 202.

S. 96, v. 1760. *Παραφύλαξον τὴν τέχνην πῶς καὶ αἱ νέαι μὲν ἄπειροι κατὰ τὴν ὑπόθεσιν. Λοιπὸν ἵνα παρὰ Θησέως μανθάνομεν κ. ἑ.*

Vermuthlich: *πῶς καὶ αἱ νέαι μὲν ἄπειροι — λοιπὸν ⟨δὲ⟩ ἵνα παρὰ Θ. κ. τ. λ.*; über die Auslassung von *δὲ* cf. m. Bem. Trach. v. 172.

Antigone.

S. 101, v. 69. *Οὔτ' ἂν κελεύσαιμ', οὔτ' ἂν εἰ θέλοις ἔτι πράσσειν, ἐμοῦ γ' ἂν ἡδέως δρῴης μέτα*: — τὸ — ἑξῆς, *οὔτε εἰ θέλοις πράττειν ἐμοῦ μέτα, ἡδέως ἂν δρῴης —. Φησίν, οὔτε σε ἀναγκάσω, ἀλλ' οὔτ', ἂν θέλοις, ἡδέως δέξομαί σου τὴν ἐπικουρίαν.*

Der Abschreiber oder der Scholiast selbst hat sich unwillkürlich verführen lassen, am Ende des Scholions *ἂν θέλοις* st. *εἰ θέλοις* zu setzen; schr.: — *ἀλλ' οὔτ', εἰ θέλοις, ἡδέως κ. ἑ.*

S. 102, v. 94. *Προσκείσῃ δίκῃ: ἀντὶ τοῦ δικαίως. — ἢ ἡ πρὸς τοῦ δίκῃ ἐστίν, ἵν' ᾖ οὕτως· πρὸς τῷ τῇ δίκῃ ἀπεχθέσθαι καὶ τῷ θανόντι δυσμενὴς ἔσῃ.*

Brunck schrieb: *ἢ προσκείσῃ τῷ δίκῃ συνάπτεται*; das überlieferte ist wohl beizubehalten; im Verse:

ἐχθρὰ δὲ τῷ θανόντι προσκείσῃ δίκῃ

fasste der eine Grammatiker *δίκῃ* im Sinne von *δικαίως* auf; der zweite bemerkte *ἡ πρὸς τοῦ δίκῃ ἐστίν*, d. h. *προς-* ist mit Bezug auf *δίκῃ* gesetzt, gehört zu *δίκῃ* und erklärte: *ἐχθρά — τῷ θανόντι κείσει* (= *τῷ θανόντι δυσμενὴς ἔσῃ*), *πρὸς δίκῃ* (= *πρὸς τῷ τῇ δίκῃ δυσμενὴς ἔσεσθαι, ἀπεχθέσθαι*). Die

Conjectur von Wex: *ἢ ἡ πρὸς ἀντὶ τοῦ καί ἐστιν* (Wolff de schol. Soph. S. 220) ist *παραδιόρθωσις*, die von Wolff: *ἢ ἡ πρὸς τὸ δίκῃ [ἐστιν] κ. ἑ.* überflüssig.

S. 102, v. 100, 4 ff.: *Καὶ ἐπειδὴ κατορθώκασι τῇ προτεραίᾳ οἱ Θηβαῖοι καὶ οἱ ἄριστοι πάντες τῶν Ἀργείων ἀνῄρηνται, εἰκότως περιχαρεῖς εἰσι κ. ἑ.*

Die Lesart beruht auf einer unsicheren Conjectur Elmsleys; nach Dindorfs Mittheilung (B. II, S. 63) steht in L.: *καὶ ἐπειδὴ κατεπόρθησαν* (übergeschrieben: *ωρθώκασι*) *τῇ προτέρᾳ τ' θηβ'*, „haec duo postrema vocabula cum eiusmodi compendio signo ut *τὰς Θήβας* legi debeant".

Da nun nothwendig *τὰς Θήβας* (oder *τὴν Θήβην*) zu lesen ist, so vermuthe ich: *καὶ ἐπειδὴ ⟨οὐ⟩ κατορθώκασι πορθῆσαι τῇ προτέρᾳ (-αίᾳ) τὰς Θήβας καὶ οἱ ἄριστοι — τῶν Ἀργείων ἀνῄρηνται κ. ἑ.*

S. 102, v. 100, 8. *Ἀκτίς] ἀντὶ τοῦ ἀκτίν.*

Τὸ κάλλιστον ἑπταπύλῳ: τὸ τὸ πρὸς τὸ φανέν· τὸ δὲ ἑξῆς· ὦ τῆς ἀκτῖνος τοῦ ἡλίου φῶς, τὸ φανὲν ἡμῖν κάλλιστον τῶν προτέρων ἡμερῶν· τοῦτο γὰρ προσληπτέον.

Aus dem zweiten Scholion geht klar hervor, dass der alte Grammatiker in den v. 100—102:

ἀκτὶς ἀελίου, τὸ κάλλιστον ἑπταπύλῳ φανὲν
Θήβᾳ τῶν προτέρων φάος

φάος ἀκτὶς ἀελίου verband, als ob *ἀκτῖνος* st. *ἀκτίς* im Texte stände; in der That giebt der Codex im ersten Scholion: *ἀντὶ τοῦ ἀκτῖν(ο)*, welches Elmsley in *ἀκτίν* veränderte; das o und der Circumflex führt uns zu der Lesart *ἀκτῖνος*; wir können nicht entscheiden, ob beide Scholien von einem und demselben Grammatiker herrühren; wahrscheinlich wurde der Anlass zu der Bemerkung: *τὸ δὲ ἑξῆς· ὦ τῆς ἀκτῖνος κ. ἑ.* durch das vorhergehende *ἀντὶ τοῦ ἀκτῖνος* gegeben.

S. 104, v. 126. *Δυσχείρωμα δράκοντι· ἀπὸ τοῦ δράκοντος τοὺς Θηβαίους δηλοῖ κ. ἑ.*

Das Scholion habe ich bereits in meinen *κριτ. καὶ ἑρμην. εἰς τὰ ἀποσπ. τῶν τραγ. ποιητ.* S. 14 ff. besprochen und auf die richtige Auffassung desselben hingewiesen; in demselben sind zwei Scholiasten zu erkennen (der erste reicht bis *Ἀχιλῆϊ δαμασθείς*, nicht bis *τὸ δὲ ἀντιπάλῳ δράκοντι*), welche beide den Dativ gelesen haben; unwahrscheinlich nimmt Dindorf (ed. S. 23) an, dass die Erklärung des ersteren den Genetiven *ἀντιπάλου δράκοντος* entspricht.

S. 109, v. 225, 2 ff. Τυμβήρης μὲν οὔ, λεπτὴ δ' ἄγος: οὐ κατὰ βάθος τεθαμμένος, ἀλλ' ὡς ἔχει ἐπιβεβλημένη ἦν ἡ ἄμμος. Τοῦτο δὲ ἐποίησεν ὁ θάψας νόμου χάριν· οἱ γὰρ νεκρὸν ὁρῶντες ἄταφον καὶ μὴ ἐπαμησάμενοι κόνιν, ἐναγεῖς εἶναι ἐδόκουν· ὥσπερ οὖν τὸ τῆς ἀσεβείας τις ἔγκλημα φεύγων λεπτὴν κόνιν ἐπιχέει τοῖς νεκροῖς. οὕτως οὖν καὶ ἐπάνω τοῦ Πολυνείκους.

Ἔχει ist meiner Ansicht nach dritte Person des Imperf. vom Verb. χέω und hat zum Subj. τὸν θάψαντα, τὸν ἐπαμησάμενον. Ich hätte es nicht bemerkt, hätte ich nicht gesehen, dass einige Herausgeber es als corrupt bezeichnen, andere in ἔτυχε mit Brunck verändern; über die Formen ἔχεε — ἔχει cf. Schäf. Greg. S. 431; Pausan. IX, 30, 5: ὁ — θεὸς κατέχει πολὺ ἐκ τοῦ οὐρανοῦ ὕδωρ. X, 10, 3: προέχει δὲ ἀφειδέστερον τῶν δακρύων.

S. 120, v. 561. Τὴν μὲν ἀρτίως πεφάνθαι: τὴν Ἰσμήνην. ὅτι μὴ συνειργάσατο ῥίπτει ἑαυτὴν εἰς κίνδυνον.

Συνεργασαμέ(νη)?

S. 121, v. 599. Νῦν γὰρ ὅπερ ἐτέτατο, φησί, καὶ σωτηρία ἐν τοῖς οἴκοις τοῦ Οἰδίποδος, — θάνατος καταλαμβάνει· νῦν γάρ, φησίν, ὅπερ ἦν λείψανον γενεᾶς, τοῦτο μέλλει καλύπτειν ἡ κόνις· τὸ καταλειφθέν, φησίν, ἀπὸ Οἰδίποδος βλάστημα.

Durch σωτηρία erklärt der Scholiast das φάος, welches vor φησί ausgefallen sein kann, also: νῦν γὰρ ὅπερ ἐτέτατο ⟨φῶς⟩, φησί, καὶ σωτηρία κ. ἑ.; da auch im Folgenden zweimal φησί vorkommt, so möchte ich nicht das erste in φῶς, wie Hermann, oder in φάος, wie Wolff, ändern.

S. 128, v. 801. Νῦν δ' ἤδη 'γὼ καὐτὸς θεσμῶν ἔξω φέρομαι] οἷον, δυνάμει παρακούομεν τοῦ ἄρχοντος, δακρύοντες τὴν Ἀντιγόνην, ἣν αὐτὸς κατεδίκασεν.

Was δυνάμει will, ist unklar; man hätte wenigstens δυνάμεως erwartet (παρακούειν τοῦ ἐπιτάγματος sagt Lukianos), wodurch das θεσμῶν ἔξω φ. frei wiedergegeben werden kann, da eben die θεσμοί in der Macht des Kreon liegen. Vielleicht ist der Fehler auf eine andere Weise zu beseitigen.

S. 130, v. 864. Καὶ συνουσίαι τοῦ πατρὸς αὐτογενεῖς ἢ συγγενικαί, ἢ ὅτι ταύτῃ συνεκοιμήθη, ἐξ ἧς γέγονεν.

Ἢ nach συγγενικαί ist vielleicht fälschlich wiederholt; richtig heisst es am Schlusse: ὅτι ὁ αὐτὸς πατὴρ ἅμα καὶ παῖς ἦν.

S. 132, v. 933. Οἴμοι θανάτου] ἀπειληθέντες ὑπὸ τοῦ Κρέοντος οἱ ὑπήκοοι ἄξουσί με λοιπὸν ἐπὶ θάνατον.

Es ist unglaublich, dass der Grammatiker sein Scholion als Erklärung der Worte der Antigone:

> οἴμοι, θανάτου τοῦτ' ἐγγυτάτω
> τοὔπος ἀφῖκται

aufstellen wollte; vielmehr ist dasselbe einfach eine Bemerkung über den scenischen Vorgang; man hätte erwartet: ἀπειληθέντες — ἄξουσιΝ λοιπὸν κ. ἑ. Erst im Schol. v. 937 wird bemerkt λοιπὸν πρὸς βίαν αὐτὴν ἄγουσιν τὰ πρῶτα ἐλεοῦντες κ. ἑ., wo Elmsley unnöthiger Weise ὑπήκοοι nach ἄγουσιν eingeschoben hat.

S. 132, v. 940. Οἱ κοιρανίδαι: — τοῖς ἀπὸ τοῦ χοροῦ φησίν — · ἢ πρὸς τὸν Κρέοντα, ἠθικῶς ἂν αὐτὸν εἰς συμμαχίαν προκαλουμένη, ἢ πρὸς τοὺς — προγόνους αὐτῆς.

Κρέοντα ist vielleicht ein Schreibfehler des Scholiasten st. Αἵμονα, denn es ist absurd, dass Antigone den Kreon hätte εἰς συμμαχίαν anrufen sollen, während sie mit Bezug auf denselben sagt:

> οἷα πρὸς οἵων ἀνδρῶν πάσχω.

Eher konnte der Scholiast glauben, Antigone bezeichne mit κοιρανίδαι den Haimon, welchen sie ἠθικῶς, ἐν ἤθει zu Hülfe ruft; denn er ist während der Entführung der Heldin nicht anwesend. Oed. auf Kol. v. 687 wurde ähnlicher Weise, durch Verwechselung der Nomina, Ἰλισσοῦ st. Κηφισσοῦ geschrieben.

S. 134, v. 980. Κακόνυμφον γονήν· ὅτι ἐπὶ κακῷ νυμφευθεῖσα δυστυχεῖς αὐτοὺς ἔτεκεν· ἢ τὴν ἀνύμφευτον ἑαυτῷ κοινωνίαν, οἷον τῆς πρὸς γυναῖκας κοινωνίας ἄπειροι ὄντες.

Schreibe: ἑαυτῶΝ.

S. 136, v. 1008. Κηκὶς — ἡ ἀνάδοσις ἐνταῦθα· κυρίως δὲ ἡ λιγνὺς τοῦ καπνοῦ ἢ ἡ ἀπὸ τῶν καιομένων γινομένη.

Ich weiss nicht, ob es ausser den καιόμενα, wovon die Rede hier ist, etwas Anderes giebt, was λιγνὺν καπνοῦ verursachen kann; ἢ entstand durch Dittographie.

Das Wort ἀνάδοσις erinnert mich an das Scholion Odyss. μ, v. 439 (B. II, S. 555, 4): „ὥστε δι' ὀκτὼ ὡρῶν τρεῖς γεγονέναι τὰς ἀναδόσεις", wo ἀναδόσεις von der ἄμπωτις und πλήμμυρα gesagt wird, die die Charybdis verursacht; mit Hilfe dieses Scholions ist eine andere Stelle im Schol. Odyss. μ, 240 (S. 547, 6) zu verbessern: εἴ γε δι' ὀκτὼ ὡρῶν τὴν ἄμπωτιν καὶ πλήμμυραν ἀΠεδίδου ἡ Χάρυβδις; schreibe ἀΝεδίδου. Statt ἀνάδοσις steht im Schol. Odyss. α, 63 (B. I, S. 22, 20) das W. ἀνα-

θυμίασις; ich führe die Stelle vollständig an, da eine grobe Corruptel derselben bis jetzt noch nicht beseitigt worden ist: *καλῶς τὸν Δία νεφεληγερέτην φησί. Ζεὺς γὰρ λέγεται ὁ ἀήρ· τῶν δὲ ἀναθυμιάσεων* ΠΥΚΝΌΝ ΜΈΝ *ἐν τῷ ἀέρι ἐγείρονται αἱ νεφέλαι καὶ διὰ τοῦτο νεφεληγερέτην τὸν Δία φησί*; die Stelle wird einen Sinn haben, wenn wir schreiben: *τῶν ἀναθυμιάσεων* ΠΥΚΝΟΥΜΈΝΩΝ *ἐν τῷ ἀέρι κ. ἑ.*

S. 139, v. 1143. *Παρνησίαν ὑπὲρ κλιτύν*] — *Παρνησίας ὑπὸ κλιτύος.*

Ἀπὸ κλιτύος? so steht auch im Schol. v. 1444, 4 *ὑπ' Εὐβοίας εἰς Βοιωτίαν* st. *ἀπ' Εὐβοίας*. *Ἀπὸ* und *ὑπό* wurden, wie bekannt, am häufigsten verwechselt; im Schol. Odyss. *ι*, v. 328 (B. I, S. 277, 12) steht: *ἡ δὲ ἄκανθα ὑπεξηραμμένη ὑπὸ τοῦ θέρους ἐλαφροτάτη γίνεται*; die *ἄκανθα* wird, glaube ich, *ἐλαφροτάτη ὅταν ἀποξηρανθῇ.*

Trachinierinnen.

S. 145, v. 1, 2ff. *Φασὶν Ἀθηναίους αἰτήσασθαι Σόλωνα νόμου γραφήν, τὸν δὲ δεδιότα τὸ ἀψίκορον αὐτῶν ὅρκον αἰτῆσαι αὐτούς· ἐπέμενε δὲ δεκαετίαν παρευλαβούμενος δὲ μήποτε μένοντα ἀναγκάσωσι μεταθεῖναί τι τῶν νομίμων ἀναχωρῆσαι πρὸς — Κροῖσον.*

Brunck schrieb: *ἐπιμεῖναι δὲ σὺν αὐτοῖς — καὶ παρευλαβούμενον μήποτε κ. ἑ.*; es ist herzustellen: — *ὅρκον αἰτῆσαι αὐτούς, ἐπιμεῖναι δὲ* (sc. *τοὺς Ἀθηναίους τοῖς ὅρκοις*, oder, was auf dasselbe hinausläuft, *τοῖς νόμοις*; *ἐπιμεῖναι ταῖς σπονδαῖς* sagt Xenophon) *δεκαετίαν· παρευλαβούμενον δὲ μήποτε κ. ἑ.*

War einmal *ἐπιμεῖναι* in *ἐπέμενε* übergegangen, so konnte ein Abschreiber sich veranlasst fühlen, auch das folgende *παρευλαβούμενον* in -*ος* zu ändern, um es mit *ἐπέμενε* in Einklang zu bringen, ohne Rücksicht auf *ἀναχωρῆσαι* zu nehmen.

S. 145, v. 1, 13ff. *Φασὶ δὲ — αὐτὸΝ τὸ τηνικαῦτα πόλεμον αἱρουμένου πρὸς Πέρσας χρησθῆναι παρὰ τοῦ θεοῦ Κροῖσος Ἅλυν διαβὰς κ. ἑ.*

Vermuthlich: *αὐτοΥ — αἱρουμένου.* Elmsley schrieb *αὐτὸν — αἱρούμενον*; es giebt aber nach dieser Lesart keinen Inf., worauf sich der Accus. beziehen könnte, denn *χρησθῆναι* ist wohl Passiv — es wurde der Orakelspruch ertheilt.

S. 146, v. 7, 5ff. *Εἰ δὲ γρ. ὄτλον. τὴν ταλαιπωρίαν, ἢ, ὡς Ὅμηρος, τὸ μεμορημένον καὶ πεπρωμένον.*

Was *ἢ ὡς Ὅμηρος* bedeuten soll, will mir nicht einleuchten; denn der Dichter hat sich weder des W. *μεμορημένον*, noch des *ὄτλον* irgendwie bedient; glücklicher Weise zeigt der Codex auch nicht eine Spur von *ὡς*. Es ist zu schreiben — . *Ἢ ὁ μόρος, τὸ μεμορημένον κ. ἑ.*

S. 147, v. 29. — *Ἀντὶ τοῦ νυκτὸς ἔρχεται καὶ νυκτὸς ἐξορμᾶται, ὡς μὴ διαδοχήν μοι τῶν πόνων γενέσθαι.*

Man könnte meinen, der Scholiast hätte *ὡς διαδοχήν μοι κ. ἑ.* geschrieben; indess glaube ich, dass er *διαδοχήν* im Sinne von *ἀνάπαυσιν, ἀνάλυσιν* (Elektr. v. 143 *ἀνάλυσιν κακῶν*) nahm; cf. v. 826, 3: *ἀναδοχὰν δὲ ἀνάπαυσιν, ἀνακωχήν, ἀναδοχήν* (Dind. *ἀνοχήν*; vielleicht ist das letzte Wort zu tilgen). Statt *ἀναδοχήν* gebraucht der Scholiast *διαδοχήν* wegen des im Texte stehenden *διαδεγμένη*:

νὺξ γὰρ εἰσάγει
καὶ νὺξ ἀπωθεῖ διαδεγμένη πόνον.

Das Wort *ἀνάλυσιν* ist vielleicht in einem corrupten Scholion Odyss. *ρ*, v. 208 (B. II, S. 640, 6) herzustellen: *φθαρέντος (τοῦ Φαέθοντος) αἱ ἀδελφαὶ — ἐθρήνουν ἡμέρας ἀδιαλείπτως καὶ νυκτός· ὅθεν κατελεήσας ὁ Ζεὺς ταύτας* ἈΝΆΜΝΗCΙΝ *ἐποίησε τῶν κακῶν, μεταβάλλων αὐτὰς εἰς αἰγείρους*; sollte es nicht ἈΝΆΛΥCΙΝ *κακῶν* heissen? übrigens schreibe: *μεταβαλών.*

Ἐν παρόδῳ führe ich auch folgendes Scholion an: Odyss. *θ*, v. 246 (B. I, S. 376, 1): *οὐ γὰρ πυγμάχοι εἰμέν*] ἘΦΎCΑΜΕΝ· *οὐκ ἤδη τὴν δύναμιν Ἀλκίνους ἐσεμνύνετο περὶ τῶν ἰδίων πολιτῶν,* ὉΠΌΤΕ ΔΈ *ἔγνω ἐλάττονας πεφηνέναι τοὺς Φαίακας τοῦ Ὀδυσσέως προσέθηκε τὸ — οὐχ ὑπερέχοντές ἐσμεν*: die Stelle werden wir vollständig verstehen, wenn wir schreiben: ἘΦ' ὌCΟΝ ΜΈΝ *οὐκ ᾔδει — ἐσεμνύνετο —, ὁπότε δὲ κ. τ. λ.*

S. 151, v. 112, 4 —: *οὕτω καὶ τὸν Ἡρακλέα — κακῶν τὸ μέν τι παρὸν λυπεῖ, τὸ δ' αὐξόμενον ἀπόκειται.*

Τι vor *Παρόν* ist vielleicht zu tilgen.

S. 152, v. 122, 3ff. *Ἀδεία μέν, ἀντία δ' οἴσω οἷς περὶ τοῦ Ἡρακλέους φροντίς· ἔρωτι δὲ ἐπάγει, ὥστε μὴ χρῆναι αὐτὴν ἀποβάλλειν τὴν ἀγαθὴν ἐλπίδα περὶ αὐτοῦ· ἡδεῖα δὲ ὅτι φησὶν αὐτὸν ζῆν, ἀντία δὲ ὅτι τὸ ἐναντίον νομίζει Δηϊάνειρα κ. ἑ.*

Ich übergehe die Conjecturen der Romana und Bruncks, die sich so weit von der Ueberlieferung entfernen, dass sie fast nichts mit unserer Stelle zu thun haben; vorsichtiger ging Elmsley zu Werke, indem er bemerkte: „lectionem manuscripti, etsi mendosam, praeferendam censuimus". Am Anfang ist *ἁδεῖα μέν, ἀντία δ' οἴσω:* zu schreiben, denn dies ist offenbar das Lemma; Dindorf theilt uns B. II, S. 68 über die handschriftliche Lesart Folgendes mit: „*ἔρωτι δὲ ἑξῆς* (i. e. *ἑξῆς*) *ἐπάγει*, posito in margine ab eadem manu *ζτ* i. e. *ζήτει*"; übrigens steht in L. *ἡ δέ* st. *ἡδεῖα δέ*. Die Alten liessen uns mit ihrem *ζήτει* im Stiche; suchen wir selbst das Räthsel zu lösen. Da *οἴσω* gleich nach dem oben angeführten Scholion in einem anderen durch *λέξω* erklärt wird, so meine ich, dass von *ἔρωτι* die zwei ersten Sylben abzusondern sind, also: — *ἀντία δ' οἴσω: οἷς περὶ τοῦ Ἡρακλέους φροντὶς ἐρῶ· τὸ δὲ ἑξῆς ἐπάγει. ὥστε κ. ἑ.*; der Gebrauch von *ὥστε*, wodurch die Erklärungen der Scholiasten eingeleitet werden, ist bekannt. Am Ende ist zu schreiben: *ἡδεῖα ὅτι φησὶν αὐτὸν ζῆν, ἀντία δὲ κ. τ. λ.*: der Abschreiber hat *ἡδε'* (abgekürzt st. *ἡδεῖα*) vorgefunden und es ganz einfach in *ἡ δέ* verwandelt; von anderen Abkürzungen mit den bezüglichen Zeichen erwähne ich: Ai. v. 33 *ὅπ^* = *ὅπως* (B. II, S. 77) Antig. v. 100, 4. Trach. v. 460 *τ'* (B. II, S. 71) = *τινές*. Im Schol. Ai. v. 194, 4 werden wir sehen, dass *βραδει^* (= *βραδείᾳ*) von dem Abschreiber als *βραδεῖ* aufgefasst worden ist. An vielen anderen Stellen bedienten sich die Abschreiber keiner Zeichen; sie liessen die letzten Sylben weg, und der Sinn allein führt uns zu der richtigen Auffassung. Cf. m. Bem. Ai. v. 148.

S. 152, v. 129. *Ἀλλ' ἐπὶ πήματι καὶ χαρᾷ: ἐπὶ χαρᾷ δὲ καὶ πήματι πᾶσι κυκλοῦσιν οἱ θεοί. Πῆμα δὲ ἀντὶ τοῦ πήματι κατ' ἀποκοπήν.*

Die Verse lauten in L.:

ἀλλ' ἐπὶ πήματι καὶ χαρᾷ
πᾶσι κυκλοῦσιν, οἷον κ. τ. λ.

statt dessen die Herausgeber *ἐπὶ πῆμα καὶ χαρά* schreiben. Dindorf (und mit ihm auch Pauli Jahresb. über das Archigymn. S. 10) meint, der Scholiast habe *πῆμα καὶ χαρᾷ* gelesen. Wahrscheinlicher scheint es mir, dass der Grammatiker, da er aus-

drücklich *πῆμα ἀντὶ τοῦ πήματι κατ' ἀποκοπὴν* bemerkt, **πῆμα* als Dativ auffasste und las:

ἀλλ' ἐπὶ πῆμά τι καὶ χαρᾷ·

wer weiss, ob er **πῆμα* (resp. **πήμᾳ*) nicht auf dieselbe Linie mit *κέρᾳ* (*κέρατι*) stellte!

S. 153, v. 148. *Ἐς τοὐθ' ἕως τις ἀντὶ παρθένου: τὸ τηνικαῦτα, ἐπειδὰν κ. ἑ.*

Es ist wohl zu schreiben: *τὸ τηνικαῦτα, ἐπειδὰν γαμηθῇ τις, εἰς τὰ καθ' ἑαυτὴν ἀποβλέπουσα καὶ συνορῶσα ⟨ὡς⟩ ἔξω τῆς ἀμεριμνίας εἰς φροντίδας εἰσῆλθεν, οἰκτείρει τὰ κατ' ἐμέ.*

In Handschriften und Ausgaben fehlt das nöthige *ὡς*.

S. 145, v. 151. *Τὸ αὐτοῦ ὡς πρὸς τὸν νέον ἀποδέδωκεν.*

Vielmehr: *ὡς πρὸς τὸ νέον* (v. 144: *τὸ γὰρ νεάζον κ. ἑ.*); denn von der Heirath junger Männer ist hier keine Rede; so steht im Schol. v. 144, 1 *ἡ γὰρ νέα ἡλικία*, 4 *τὸ νεάζον*, 6 *τὴν νέαν ἡλικίαν*, 7 *ἡ νεότης*.

S. 154, v. 172, 4. *Ὑπεράνω τοῦ ἐν Δωδώνῃ μαντείου δύο ἦσαν πέλειαι, δι' ὧν ἐμαντεύετο ὁ Ζεύς —. Οἱ μὲν οὕτω λέγουσι θεσπίζειν, οἱ δὲ οὕτω· τὰς ἱερείας γραίας οὔσας. Καὶ γὰρ τοὺς γέροντας οἱ Μολοσσοὶ πολίους* (richtig Arkad. p. 41, 3 *πελίους*) *ὀνομάζουσιν. Ἡρόδοτος δὲ ἐν β' φησί· „Πελειάδες δέ μοι δοκέουσι κεκλῆσθαι πρὸς Δωδωναίων αἱ γυναῖκες, διότι βάρβαροι οὖσαι ἐδόκεον ὁμοίως ὄρνισι φθέγγεσθαι· μετὰ δὲ χρόνον δοκοῦσιν ἀνθρωπίνῃ φωνῇ φθέγξασθαι, ἐπεί περ ἐκ Θηβῶν Αἰγυπτίων ἦσαν". Εὐριπίδης τρεῖς γεγονέναι φησὶν αὐτάς, οἱ δὲ δύο· καὶ τὴν μὲν εἰς Λιβύην ἀφικέσθαι Θήβηθεν εἰς τὸ τοῦ Ἄμμωνος χρηστήριον· τὴν περὶ τὴν Δωδώνην, ὡς καὶ Πίνδαρος Παιᾶσιν.*

Aus dem Scholion können wir das Verfahren der Alten beim Excerpiren anderer Autoren am besten beurtheilen. Bei der Behandlung eines Fragments des Polemon im Schol. Oed. auf Kol. v. 489 habe ich die Vermuthung ausgesprochen, dasselbe sei uns am Schlusse verstümmelt überliefert und jede Emendation mindestens unsicher. Die Scholiasten pflegten den Sinn der excerpirten Stellen mit wenigen Worten zu geben und die Ausdrucksweise nach ihrem Geschmacke zu richten, wobei sie sich oft Ungenauigkeiten zu Schulden kommen liessen, wie u. a. das angeführte Scholion zeigt. Herodot nämlich sagt 2, 27: *πελειάδες δέ μοι δοκέουσι κληθῆναι πρὸς Δωδωναίων ἐπὶ τοῦδε αἱ γυναῖκες, διότι βάρβαροι ἦσαν, ἐδόκεον δέ σφι ὁμοίως ὄρνισι φθέγγεσθαι. Μετὰ δὲ χρόνον τὴν πελειάδα ἀνθρωπηΐῃ φωνῇ αὐδάξασθαι λέγουσι ἐπεί τε τὰ συνετά σφι αὔδα ἡ γυνή.* Statt *ἐπεὶ — ἡ γυνὴ* hat man der Scholiast *ἐπείπερ ἐκ Θηβῶν Αἰγυπτίων ἦσαν*: woher dies kommt, kann man leicht sehen, wenn man bei Herodot nach wenigen Zeilen liest: *μέλαιναν δὲ λέγοντες εἶναι τὴν πελειάδα σημαίνουσι ὅτι Αἰγυπτίη ἡ γυνὴ ἦν. Ἡ δὲ μαντηΐη ἥ τε ἐν Θήβῃσι τῇσι Αἰγυπτίῃσι καὶ ἐν Δωδώνῃ παραπλήσιαι κ. ἑ.*; cf. Cap. 55: (φασί) *δύο πελειάδας μελαίνας ἐκ Θηβέων τῶν Αἰγυπτιέων ἀναπταμένας τὴν μὲν αὐτέων ἐς Λιβύην, τὴν δὲ παρὰ σφέας* (= *Δωδωναίους*) *ἀπικέσθαι. κ. ἑ. —. Τὴν δὲ ἐς τοὺς Λίβυας οἰχομένην πελειάδα λέγουσι Ἄμμωνος χρηστήριον κελεῦσαι τοὺς Λίβυας ποιέειν.* Der Scholiast, der alle Cap. 54—58, wo es sich um das *Δωδωναῖον μαντεῖον* handelt, gelesen hat, fand in den angeführten Stellen: *ἐκ Θηβέων τῶν Αἰγυπτιέων, ἐν Θήβῃσι τῇσι Αἰγυπτίῃσι* und schrieb ganz einfach *ἐπείπερ ἐκ Θηβῶν Αἰγυπτίων ἦσαν*, um auch nur entfernt an unpassender Stelle auf die Heimath der *πελειάδες* hinzuweisen. Jetzt versteht man auch, was er mit *Εὐριπίδης τρεῖς γεγονέναι φησὶν αὐτάς, οἱ δὲ δύο* gemeint hat; unter *οἱ δέ* nämlich ist wahrscheinlich ausser Pindar, dessen Stelle uns verloren gegangen ist, auch Herodot gemeint; *τὴν μὲν αὐτέων ἐς Λιβύην, τὴν δὲ παρὰ σφέας ἀπικέσθαι — Ἄμμωνος χρηστήριον κελεῦσαι — ποιέειν* sagt Herodot, *καὶ τὴν μὲν ἐς Λιβύην ἀφικέσθαι Θήβηθεν εἰς τὸ Ἄμμωνος χρηστήριον, τὴν* ⟨*δὲ*⟩ *περὶ τὴν Δωδώνην* der Scholiast; denn so ist meiner Meinung nach die Stelle, einfach durch Hinzufügung des ausgefallenen *δὲ*, zu corrigiren. Uebrigens ist zu interpungieren: — *δύο ἦσαν πέλειαι, δι' ὧν ἐμαντεύετο ὁ Ζεύς —. Οἱ μὲν οὕτω λέγουσι θεσπίζειν* (sc. *τὸν Δία διὰ τῶν πελειῶν*), *οἱ δὲ οὕτω τὰς ἱερείας γραίας οὔσας* (sc. *πελείας καλοῦσι καὶ λέγουσι δι' αὐτῶν, οὐ διὰ τῶν πελειῶν, τὸν Δ. θεσπίζειν*). Cf. Hesych. B. III, S. 300 s. v. *πέλειαι: περιστεραί, καὶ αἱ ἐν Δωδώνῃ θεσπίζουσαι μάντεις.*

S. 155, v. 188. *Ἐν βουθερεῖ λειμῶνι: μέγα θέρος ἔχοντι, ὅ ἐστι λήϊον — ἢ τῷ σφόδρα βαλλομένῳ καθαιρομένῳ, ἤγουν θερμαινομένῳ ὑπὸ τοῦ ἡλίου.*

Schr.: *βαλλομένῳ καὶ θερομένῳ.*

S. 158, v. 262. *Ἐφέστιον*] *ξένον, φίλον.*

Vielmehr: v. 263. *Ξένον: φίλον.*

S. 160, v. 289. *Λόγον*] *τοῦ ἥξειν ἐκεῖνον.*

v. 289—290 lauten:

> *φρόνει νιν ὡς ἥξοντα· τοῦτο γὰρ λόγον*
> *πολλοῦ καλῶς λεχθέντος ἥδιστον κλύειν.*

Ich würde vorziehen: v. 289. *Τοῦτο*] *τὸ ἥξειν ἐκεῖνον.*

S. 165, v. 434, 5 ff. *Νοσοῦντι δὲ ἀντὶ τοῦ νοσούσῃ ἐπὶ ζηλοτυπίας· ἀρσενικῶς δὲ εἶπεν· ἢ καθόλου ὁ λόγος. Καὶ μὴ δόξῃ αὐτὴν διελέγχειν οὕτω· τὸ γὰρ κ. ἑ.*

Vermuthlich ist zu schreiben: *ἢ καθόλου ὁ λόγος, μὴ καὶ δόξῃ διελέγχειν κ. ἑ.* Für die Umstellung der Wörter *καί* und *μή* cf. folgende Scholien: Oed. auf Kol. v. 63 (*τῷ ἔργῳ, τῇ πείρᾳ πλέον καὶ τιμώμενα* st. *τῷ ἔργῳ καὶ τῇ πείρᾳ πλ. τιμ.*), 337, 4 (*τὸ ἐξίστασθαι ὁμοτρόπως ἡμῖν καὶ διοικοῦσι* st. *καὶ ἡμῖν διοικοῦσι*). Oed. Tyr. v. 93. Al. v. 208, 2. 265, 20.

Richtig, wie gewöhnlich, hat Pauli (Jahresb. S. 10) aus dem Scholion v. 434, 1—3 erkannt, dass die Schreibart *ἄνθρωπος* (st. *ἄνθρωπος*) schon die Alten kannten; was er aber über das Scholion v. 434, 4 ff. sagt, scheint mir unwahrscheinlich; ich kann mich hier auf eine Auseinandersetzung der Sache nicht einlassen.

S. 171, v. 592. *Δεῖ σε δρῶσαν ἔχειν τὴν πίστιν καὶ μὴ μόνον δοκεῖν ἐπίστασθαι· οὔπω γὰρ ἔχεις τὴν γνῶσιν ἕως οὐ πεπείρασαι. Δεῖ σε, φησίν, ἐπιχειροῦσαν γνῶναι.*

Der Chor sagt:

> *ἀλλ' εἰδέναι χρὴ δρῶσαν, ὡς οὐδ' εἰ δοκεῖς*
> *ἔχειν, ἔχοις ἂν γνῶμα μὴ πειρωμένη.*

Ich würde im Scholion vorziehen: *οὔπω ἔχεις τὴν γνῶσιν, ἕως οὐ πεπείρασαι.*

S. 174, v. 639, 6 ff. — *τὴν Μαγνησίαν, ἔνθα τὸν τῆς Ἀρτέμιδος παραθαλάσσιον Τραχῖνα, ὅπου κ. ἑ.*

Ich habe vermuthet: *ἔνθα τὸ τῆς Ἀρτέμιδος παρὰ θάλασσαν Τραχῖνος, ὅπου κ. τ. λ.*; cf. v. 637: *Μηλίδα παρὰ λίμναν : λίμνην φησὶ τὴν θάλασσαν —, ὁ δὲ Μηλιακὸς κόλπος Τραχίνιός ἐστιν.* Bei *τό* ist *ἱερόν* zu verstehen, womit zu vergleichen ist Schol. Oed. Tyr. v. 20, 3: *τὸν τῆς Ἀλαλκομενίας* sc. *ναόν.*

S. 182, v. 834. — *χρίει δὲ τὸ ἱμάτιον τῷ αἵματι ἡ ἀνάγκη τῆς Δηϊανείρας, ἡ μετὰ δόλου τεχνησαμένη· ἠνάγκασται γὰρ ὑπὸ ζήλου, δι' οὗ ἤρα, ἰ δό ε τεχνήσασθαι.*

So bietet L. nach Dindorfs Mittheilung (B. II, S. 72), der ῑ als τῷ, ῐ als τοῦ erklärt; der Sinn führt uns zu der Verbesserung: ἠνάγκασται —, τὸν δόλον τοῦτον τεχνήσασθαι: denn was hätte: ἠνάγκασται — τῷ δόλῳ τοῦ τεχνήσασθαι bedeuten können? Der Codex Lobkow. giebt (Spec. I, S. 13): ἐπὶ ζήλου δὲ ο ῆ (suprascripta linea circumflexa) ἤρα τῷ δόλῳ τοῦ τεχνήσασθαι; Lange a. a. O. vermuthet: ἠνάγκασται γὰρ ὑπὸ ζήλου Ἰόλης, ἧς Ἡρακλῆς ἤρα, τῷ δόλῳ τοῦτο τεχνήσασθαι, was schwerlich anzunehmen ist.

S. 185, v. 868. Οὐκ ἄσημον. ἀλλὰ δυστυχῆ (κωκυτόν): οὐ μικρόν, ἀλλὰ μέγα καὶ ἐξάκουστον· τοῦτο δὲ ὡς ἠσθημένη μείζονος βοῆς.

ΜέγαΝ?

S. 186, v. 903. Κοῖλα] γρ. κοινά, ἢ τὰ τοῦ θανάτου, ἢ τὰ αὐτῆς καὶ τοῦ αὐτοῦ.

Schr.: τὰ αὐτῆς καὶ τὰ (= ἢ) αὐτοῦ (sc. τοῦ Ἡρακλέους).

S. 186, v. 907, 4 ff. Κλαῖε δ᾽ ὀργάνων ὅτου] καὶ ἥπτετό τινος ἐργαλείου, ὧν εἰώθει μεταχειρίζεσθαι συνόντος αὐτῇ τοῦ Ἡρακλέους. ὠδύρετο ὡς λοιπὸν καταλιμπάνουσα αὐτὰ κ. ἑ.

Schr.: καὶ ⟨εἰ⟩ ἥπτετό τινος κ. τ. λ.: über den Ausfall von εἰ cf. m. Bem. Ai. v. 1, 17 und Oed. auf Kol. v. 701. Die Conjecturen Bruncks, Dindorfs und Hermanns sind unwahrscheinlich.

S. 188, v. 962. — λέγουσί ΤΙ Παμμέγεθές τι κακὸν — χωρεῖν.

Vielleicht: λέγουσι παμμέγεθές τι κακὸν κ. τ. λ.

S. 194, v. 1126 (Elmsl. 1128) — τὸ γὰρ κατ᾽ αὐτήν, φησί, πρᾶγμα ἐκτός ἐστιν ἀδικίας, ὡς μηδὲν εἶναι τοῦτο σιωπῇ παραδοῦναι.

Ich würde es recht gut verstehen, wenn gelesen würde: ὡς μὴ δέον εἶναι κ. ἑ.

ἔχει γὰρ οὕτως. ὥστε μὴ σιγᾶν ΠΡΕΠΕΙΝ.

S. 196, v. 1179. Ἀπὸ κοινοῦ τὸ δεῖ· δεῖ δέ σε εἴκοντα τῇ ἐμῇ προστάξει πράττειν ὃ βούλομαι.

So schrieb Elmsley st. ἀπὸ κοινοῦ τὸ δεῖ δέ σε; die Verbesserung ist wahrscheinlich; anderen Stellen aber dürfen wir vielleicht die Nichtwiederholung desselben Wortes nicht absprechen, wo es die Scholiasten der Kürze halber weglassen konnten; ich beschränke mich auf folgende Beispiele: Antig. v. 64: λείπει ὥστε ἀκούειν ταῦτα καὶ τὰ τούτων χείρονα st. λείπει ὥστε, ὥστε

ἀκ. κ. τ. λ. Ai. v. 198, 4: λείπει ὡς πῦρ ἐν εὐανέμοις βήσσαις st. λείπει ὡς πῦρ, ὡς πῦρ ἐν εὐαν. β. v. 674: λείπει ὑπὸ δεινῶν πνευμάτων st. λείπει ὑπό, ὑπὸ δ. πνευμ.

S. 198, v. 1228. Τὸ γάρ τοι μεγάλα] ἐὰν γὰρ ἐν τοῖς μείζοσι θέμενος.

Das Scholion blieb unvollständig; der Grammatiker wollte vielleicht nach θέμενος etwa πίστιν hinzusetzen:

τὸ γάρ τοι μεγάλα πιστεύσαντ᾽ ἐμοὶ
κ. ἑ.

Aias.

S. 201, v. 1, 17 ff. Ἀεὶ ὁρῶ σε, —, τὴν παρὰ τῶν ἐχθρῶν σοι γενομένην βλάβην ζητοῦντα προϋφαρπάσαι· οἷον ἐπιβουλεύει σοί τις, σπουδάζεις κ. ἑ.

Schr.: οἷον ⟨εἰ⟩ ἐπιβουλεύει κ. τ. λ.

S. 202, v. 2. Θηρώμενον] ἀνιχνεύοντα κ. ἑ.

Das Scholion bezieht sich auf v. 5 μετρούμενον ἴχνη.

S. 202, v. 14, 5 ff. — προθεραπεύει δὲ τὴν θεὸν ὁ Ὀδυσσεὺς καὶ οὕτω λέγει τὸν αἴαν.

G. (B. II, S. 75) hat: κατὰ τοῦ Αἴαντος; ich möchte schreiben: καὶ οὕτω λέγει ⟨τὰ κατὰ⟩ τὸν Αἴαντα; die Ausdrucksweise kommt sehr oft bei unseren Scholiasten vor; cf. v. 279 τὸ κατὰ τὸν Αἴαντα, Oed. Tyr. v. 118, 7 τὸ κατὰ τὸν Οἰδίποδα, Trach. v. 846, 3. 854, 3. 949 etc.

S. 203, v. 23. Τρανές: σαφές. Καλῶς δὲ τοῦτο ἐποίησεν. ⟨ἵνα ἐπικρεμὴς ᾖ⟩ ἔτι ἡ ὑπόθεσις καὶ τὸ ἄπιστον εἰς ἀμφίγνοιαν ⟨ἄγηται⟩· δι᾽ ὃ θελοντὴς τοῦτον ὑπέστην τὸν κίνδυνον, ⟨ἵνα γνῶσι⟩ τἀληθές, πάντων τὴν αἰτίαν τοῦ γεγον⟨ότος εἰς αὐ⟩τὸν ἀναγόντων.

Die Ergänzungen der lückenhaften Stellen rühren von Elmsley her; die vierte ist richtig, bei der zweiten dagegen hege ich Zweifel; in G. (B. II, S. 76) steht αὐτὸν ἄγῃ, in F. αὐτοὺς ἔτι; ich würde vorziehen: εἰς ἀμφίγνοιαν ⟨ἄγῃ αὐτούς, oder αὐτοὺς ἄγῃ⟩. Die erste Ergänzung ist verfehlt, wie schon im I. Theile bemerkt wurde; statt γνῶσι geben G. und F. γνῶ, welcher Lesart ich den Vorzug gebe; die erste Person wird durch das vorhergehende ὑπέστην und durch den Gegensatz zu πάντων empfohlen. Cf. Schol. v. 32, 5 ff.: καλῶς Ὀδυσσεὺς ἀναμένει τὸ ἀκριβὲς γνῶναι κ. ἑ.

Statt ἀμφίγνοιαν giebt G. ἄγνοιαν, welches entweder in

ἀμφίγνοιαν (= ἄνοιαν) oder in ἄγνοιαν zu verändern ist; ἄνοια und ἄγνοια wurden, wie bekannt, oft verwechselt, wie auch νοῶ — ἀγνοῶ, ἐνόησε — ἠγνόησε etc. Von der letzteren Verwechselung sei mir erlaubt folgendes Beispiel anzuführen, da die bezügliche Stelle noch nicht wahrscheinlich emendirt ist: Schol. Odyss. δ, v. 535 (B. I, S. 219, 20): ἔοικε ὡς τρυφητοῦ κατηγορεῖν τοῦ Ἀγαμέμνονος — καὶ διὰ τοῦτο ἀγνοοῦντος καὶ τὴν αὐτοῦ ἐπιβουλήν —· ἀλλ' οὐκ ἔστι τοῦτο· ἐθάρρει γὰρ καὶ τὸν δόλον ἘΝόησεν; schreibe: καὶ τὸν δόλον ἨΓΝόησεν.

S. 210, v. 136. Σὲ μὲν εὖ πράσσοντ'] ἀντὶ τοῦ σοῦ μὲν εὖ πράσσοντος. ἢ οὕτως· εἰς σὲ μὲν εὖ πράττοντα ἐπιχαίρω. ἵνα λείπῃ ἡ εἰς.

v. 137. ἐπί.

Ich vermuthe: v. 137 σὲ δ' ὅταν] ⟨λείπει⟩ ἐπί, wie die Scholiasten zu schreiben pflegen.

S. 211, v. 148. — ὁ νοῦς· οὐδὲν ἐνέχυρον εἰδὼς ὁ Ὀδυσσεὺς πλάττεται ψευδεῖς λόγους. ἀκούσας μόνον ὡς ⟨ἴῃς σ⟩ὺν νεορράντῳ ξίφει. Καλῶς δὲ καὶ τὸ ψιθύρους λόγους, ὡς διὰ ⟨πανουρ⟩γίαν ἀδεῶς οὐ λέγοντος, ἀλλὰ πρὸς ἓν ἕκαστον ἐ⟨ξαπα⟩τῶντος.

Die Ergänzung ἴῃς bezweifle ich; leider hat G. das Scholion nicht erhalten; in F. (B. II, S. 81) steht: ὡς εἴης ὀφθεὶς κ. ἑ., mit Hilfe dessen ich in L. ὡς ὀφθείης schreiben möchte; cf. die Worte des Odysseus in v. 29—31:

καί μοί τις ὀπτὴρ αὐτὸν εἰσιδὼν μόνον
πηδῶντα πεδία σὺν νεορράντῳ ξίφει
φράζει τε κἀδήλωσεν.

Am Schlusse des Scholions hätte der Herausgeber die Emendation eines Anonymus bei Johnson aufnehmen sollen: ἀλλὰ πρὸς ἕν' (oder ἕνα) ἕκαστον ἐξαπατῶντος; ἐξαπατων[ʹ] konnte ebenso gut ἐξαπατῶντος — ι — α, wie ἐξαπατῶντες — ώντων — ῶντας bedeuten, wie πό[λ] (Trach. v. 7) alle Casus von πόλις, δό[λ] (Trach. v. 834) alle die von δόλος, φρονοῦν[ʹ] (Oed. Tyr. v. 600) ebenso gut φρονοῦντος — ι — α, wie φρονοῦντες — ας. Im Schol. Oed. auf Kol. v. 1076 steht τὴν παρθένον st. des verlangten τὰς παρθένους; der Codex giebt παρ[ʹ], welches der Abschreiber παρθένον las; er musste folglich auch τὰς in τὴν ändern. Cf. Oed. auf Kol. v. 1375, 16 (ἀπαρ[ʹ] = ἀπαρχάς), 486, 4 (ἐπιστο[λ] = ἐπιστολῆς). 42, 6 (αυ[ʹ] = αὐτάς) etc. Von Abkürzung rührt oft auch die Verwechselung zwischen φησί — φασί; beides wurde gewöhnlich φ̔ geschrieben. So ist Oed. auf Kol. v. 1044, 6 φ̔ = φασιν, wie auch v. 14, 3. 117, 3. 237, 2, während Antig. v. 599, 2 φ̔ an der Stelle von φησί steht. Durch λ[ʹ] wurde gewöhnlich λέγει bezeichnet, im Schol. Oed. auf Kol. v. 954, 4. 5 aber bedeutet es λέγεται. Ein Compendium δρ (nach Elmsley hat die Handschrift ἄρ' (?)) zur Bezeichnung des Wortes δράματος (Oed. auf Kol. v. 1669, 3) ist mir aus anderen Codices nicht bekannt.

S. 215, v. 191. Μὴ μή μ' ἄναξ: — ὁ — νοῦς· εἰ δὲ πλάσσουσι ταῦτα καὶ οὐκ ἀληθείᾳ συνέδρασας, μηκέτι — κακὴν φάτιν ἄρῃ κ. ἑ.

Συνέδρασας scheint mir verdächtig: denn was will συν — an dieser Stelle, während doch Aias allein Urheber des Unglücks ist? ich vermuthe: — καὶ οὐκ ἀληθείᾳ σὺ ἔδρασας.

S. 215, v. 194, 4 ff. ὅπου στηρίζῃ μακραίωνι σχολῇ, ὅ ἐστι πολυχρονίῳ. βραδεῖ, τὸν ἀγῶνα ἐμποιοῦντί σοι κ. ἑ.

Die Romana und Brunck schrieben βραδύν — ἐμποιούσῃ σοι; ich vermuthe: πολυχρονίῳ, βραδείᾳ, τὸν ἀγῶνα ἐμποιούσῃ σοι. Der Uebergang von ἐμποιούσῃ in ἐμποιοῦντι ist leicht zu erklären; der Abschreiber fasste βραδεῖ (= βραδείᾳ) als βραδεῖ auf und ohne Rücksicht auf den Sinn zu nehmen, sah er sich gezwungen, auch das folgende Fem. des Part. in das Masc. zu ändern. Cf. das jüngere Scholion B. II, S. 203, 30 und dasjenige von Triklinios B. II, S. 336, 22. Bei Suidas B. II, 1, S. 669 s. v. μακραίωνι σχολῇ beruht die Lesart πολυχρονίῳ, βραδεῖ ἀγῶνι auf einem Missbrauche des Lexikographen, so dass die Verbesserungsvorschläge von Küster und Bernhardy unwahrscheinlich sind.

S. 216, v. 202. —: διὰ τὸ τὴν Σαλαμῖνα συνῆφθαι τῇ Ἀττικῇ καὶ περισπούδαστον τοῖς Ἀθηναίοις αὐτὴν κτήσασθαι.

So auch bei Wunder, Dindorf, Wolff, während es auf der Hand liegt, dass τοὺς Ἀθηναίους zu schreiben ist; wie leicht beide Casus verwechselt wurden, zeigen folgende Scholien unseres Stückes: v. 127, 6 πείθεσθαι τοὺς θεούς st. τοῖς θεοῖς und 134, 11 δεδήλωκε τοὺς Ἀχαιούς st. τοῖς Ἀχαιοῖς.

Hier finde ich Anlass, eine Stelle in dem Homerischen Scholion Odyss. λ, v. 14 (B. II, S. 479, 16) auf ähnliche Weise zu verbessern: ἄλλοι δὲ Κιμμερίους φασὶν ὑποτίθεσθαι τοὺς κατὰ δύσιν οἰκοῦντας — ἢ νεκροῖς ἀπὸ τοῦ ἐν τοῖς ἠρίοις κεῖσθαι; schr.: ἢ νεκρούς.

S. 218, v. 245, 6 ff. Καὶ οὐκ ἔστι μὲν μικρὸν τὸ λάσαντα τὸν προστάτην ἀπαλλαγῆναι ἀλλὰ σημαίνουσι διὰ τούτων — τὰ ἐν ποσὶ δεινά· εἰώθασι γὰρ οἱ ἀποροῦντες — τοιαῦτα προζφέρεσθαι.

Ich möchte πρΟφέρεσθαι schreiben; cf. Schol. v. 815, 2: ῥῆσιν — προφέρεται. Πρό und πρός wurden besonders in Zusammensetzungen sehr oft verwechselt; so steht Oed. Tyr. v. 6, 2 προσκηδόμενος st. προκηδόμενος, Phil. v. 148, 2 προσχωρῶν st. προχωρῶν; cf. Oed. auf Kol. v. 153, 5. 163, 4. Ai. v. 326. Merkwürdig ist, dass gerade bei Ausdrücken, wie προφέρεσθαι τὸν λόγον, προφέρομαί τι, προενεκτέος ὁ λόγος, προενεκτέον τό . . . unzählige Male προσφέρεσθαι — προσφέρομαι — προσενεκτέος — προσενεκτέον (Antig. v. 7, wo schon Schäfer προενεκτέον) geschrieben worden sind; die Verwechselung kommt am häufigsten in den Homerischen Scholien vor; ich begnüge mich, eine bisher übersehene Stelle Odyss. ι, v. 204 (D. I, S. 262, 30) anzuführen: προσῆκται δὲ ὁ λόγος ἐν ἐπερωτήσει; schr. προῆκται.

S. 219, v. 264. Φροῦδον] λείπει τὸ ὄντος.

Imo οὔσης Elmsl. Ich gestehe zu, dass ich das Räthsel nicht lösen kann; v. 264—265 lauten:

> ἀλλ' εἰ πέπαυται, κάρτ' ἂν εὐτυχεῖν δοκῶ·
> φροῦδον γὰρ ἤδη τοῦ κακοῦ μείων λόγος.

Warum hätte es οὔσης heissen sollen?

S. 220, v. 265, 18. Νῦν οὖν δεδιπλασίασται τὸ κακόν· τοῦτο δὲ ὁ χορὸς ἀναπτύσσει διὰ τοὺς ἐπιφερομένους „τό τοι διπλάζον . . ." κ. ἑ.

G. hat (B. II, S. 84) die richtige Lesart τοῦ ἐπιφερομένου.

S. 221, v. 287, 2. Κενάς] τὰς οὐκέτι χρήσιμον γινομένας.

Ich vermuthete: τὰς οὐχ ἐπὶ χρήσιμον γ.

S. 221, v. 297. Κύνας βοτῆρας: τοὺς ποιμενικοὺς κύνας· οὐ γὰρ ἀναιρεῖ κατὰ τὴν σκηνὴν ἄνθρωπον ἀλλ' ὡς ἔξω τινὰς ἀνεῖλεν.

In initio scholii adde ex G. et Suida (s. v. κύνας) ὑφ' ἓν ἀναγνωστέον. Dind. B. II, S. 85. Die Ergänzung ist aus L. selbst vorzunehmen, in dessen Texte wir κύνας βοτῆρας lesen „cum signo quod ὑφέν vocant grammatici". Dind. ed. S. 45, also: κύνας βοτῆρας: ὑφ' ἕν, τοὺς ποιμενικοὺς κύνας; cf. Trach. v. 353 εἰ δὲ ὑφ' ἕν. Θέλοι ἄν. Bernhardy Suid. s. v. κύνας B. II, 1, S. 455 bemerkt: τινάς non satis intelligo. Equidem ποίμνας expectabam. Cf. tamen Ai. v. 27. Der erwähnte Vers lehrt uns, dass das Scholion ganz richtig ist; die Grammatiker bemerkten zum v. 297 κύνας βοτῆρας sei ὑφ' ἓν ἀναγνωστέον, da Aias οὐκ ἀναιρεῖ ἐν τῇ σκηνῇ ἑαυτοῦ (= κατὰ τὴν σκηνήν) ἀνθρώπους, ἀλλὰ κύνας μόνον καὶ ταύρους etc., Menschen hatte er ἔξω, ἐν τῷ πεδίῳ niedergemetzelt; v. 25—27:

> ἐφθαρμένας γὰρ ἀρτίως εὑρίσκομεν
> λείας ἁπάσας καὶ κατηναρισμένας
> ἐκ χειρὸς αὐτοῖς ποιμνίων ἐπιστάταις.

wo s. das Scholion. 'Αλλ' ὡς — ἀνεῖλεν am Schlusse scheint corrupt; Dindorf lässt ὡς mit G. (B. II, S. 85) weg, während Suidas a. a. O. ἀλλ' ἔξω τινὰς ἀναιρεῖ bietet; ich würde schreiben: ἀλλ' ὡς ἔξω τινὰς (ἀνελών auch G.).

S. 227, v. 384. Τοῦ χοροῦ τὸν περὶ θεῶν λόγον ἐμβαλλομένου οὐκ ἐφίεται ὁ Αἴας, ἀλλ' ὑπὸ τῆς ἰδίας δυνάμεως ἐπαίρεται.

Statt ἐφίεται erwartet man das Gegentheil; ἀφίεται?

S. 228, v. 392. Ἐπειδὴ τῆς παραμυθίας οὐκ ἠδυνήθη αὐτὸν μεταθεῖναι, δοκεῖ ἐκ τούτων αὐτὸν μεταθεῖναι.

Die Emendation ist unsicher; man könnte schreiben: ἐπειδὴ ⟨ἐκ⟩ τῆς π.; aber auch: ἐπεὶ διὰ τῆς π.; cf. das Schol. v. 520, 4: διὰ τούτου — δοκεῖ αὐτὸν πείθειν. Δή und διά wurden oft verwechselt; G. (B. II, S. 87) hat ἐπειδὴ διὰ τῆς π.

S. 228, v. 405. Εἰ τὰ μὲν φθίνει] τὴν κατὰ τὴν κρίσιν τῶν ὅπλων.

Τὰ κατὰ τὴν κρίσιν?

S. 232, v. 485, 6. Δεῖ οὖν τοὺς αὐτοὺς λόγους, ὅτι διὰ τὴν ἐλευθερίαν παρρησιάζεται.

Statt des sinnlosen τοὺς αὐτούς ist vielleicht τοιούτους zu schreiben; nach λόγους giebt G. λέγειν, also: δεῖ οὖν τοιούτους (sc. γεννικοὺς καὶ συναρμόζοντας τοῖς καιροῖς etc., wie es vorher in demselben Scholion heisst) λόγους λέγειν κ. ἑ. Cf. v. 499, 5: ἀποτρέψαι δὲ βούλεται αὐτὸν διὰ τῶν τοιούτων λόγων.

S. 234, v. 512, 4 ff. Ὀρφανὸς δὲ ὁ ὅρον ἔχων τοῦ οὐ φαίνεσθαι, ὁ — μηκέτι ἐμφανής· ἀμέλει καὶ ὑπὸ τῶν ἀμφιθαλῶν ὡς ἐμφανῶν ἐλαύνεται.

Vermuthlich: — ἐμφανής ⟨ὃς⟩ ἀμέλει — ἱλαύνεται.

S. 234, v. 520, 3 ff. Αἰδημόνως δὲ αὐτὸν ὑπομιμνήσκει τὰ τῆς εὐνῆς· διὰ τοῦτο γὰρ μάλιστα δοκεῖ αὐτὸν πείθειν.

Schr.: διὰ τούτου.

S. 237, v. 572. Ἅπτεται γὰρ αὐτοῦ μάλιστα ταῦτα (= τὰ ὅπλα) μήπως περὶ τῶν ἐχθρῶν ἀρθείησαν. G. B. II, S. 90.

Schr.: παρὰ τῶν ἐχθρῶν. Ἀρθείησαν ist an dieser Stelle s. v. a. ληφθείησαν; die Stelle erinnert mich an das Scholion Odyss. λ, v. 546 (B. II, S. 519, 19): διὰ τὸ ἐμὲ (sc. τὸν Ὀδυσσέα) τοῦ Ἀχιλλέως ἐπαρεῖν τὰ ὅπλα: ἐπαρεῖν hält Dindorf für *vitiosum* und Cobet ändert es schlankweg in λαβεῖν, ohne sich darum zu kümmern, wie aus λαβεῖν ein W. ἐπαρεῖν werden könnte; man wird gut thun, wenn man bei Sachen, die man nicht kennt, nicht voreilig zu Werke geht; ἐπαρεῖν ist ein wahres, echt spätgriechisches Wort, wie eins sein kann: es ist ein nach Analogie gebildeter Aorist des Verbums ἐπαίρω, welches heutzutage im griechischen Volksmunde unter der Gestalt ’παίρνω nichts anderes als λαμβάνω bedeutet; die Homerischen und andere Scholien wimmeln von neugriechischen volksthümlichen Wörtern. Ich erinnere mich noch eines anderen Gelehrten, der in einem Scholion das Wort σακκούλιον (= πήρα) nicht verstand und es in πήρας (sic) οὔλιον (!) änderte.

S. 239, v. 603, 5 ff. Ἰδαίᾳ —. ἐν τῷ τῆς Ἴδης χωρίῳ, τοῖς χλοεροῖς καὶ λειμῶνας ἔχουσι καὶ ποίμνας.

Ich habe an: — χωρίῳ, ΤΌ⟨ΠΟ⟩ις χλοεροῖς κ. ἑ. gedacht; vielleicht wird ein anderer eine bessere Conjectur finden.

S. 249, v. 787. Τί μ' αὖ τάλαιναν: πρὸς τὸ Εὐριπίδου ἐν Δίκτυι

> τί μ' ἄρτι πημάτων λελησμένην
> ὀρθοῖς;

Wolff (Nauck fragm. 337, S. 366) vermuthet: τί μ', ὦ ξέν', ἄρτι κ. ἑ.; vielleicht hat der Abschreiber ... ἀρτ. als ἄρτι aufgefasst st. ἀρτίως:

> τί μ' ἀρτίως ⟨αὖ⟩ πημάτων λελησμένην
> ὀρθοῖς;

v. 787—788 des Ai. lauten:

> τί μ' αὖ τάλαιναν ἀρτίως πεπαυμένην
> κακῶν ἀτρύτων ἐξ ἕδρας ἀνίστατε;

S. 256, v. 913. Ὁ δυστράπελος: δυσκίνητος, ἀμετάτρεπτος, ὡς οὐχ εὕρεν ἐκφυγὴν τῷ πάθει· οὕτω λέγουσι καὶ δυστράπελον τὸ ὄρυγμα, τὸ οὐκ εὐδιάλυτον —. Ὁ δύσκολος.

Ἐκφυγὴν τῷ πάθει in ἐκφυγεῖν τὸ πάθος zu ändern, wie Dindorf (B. II, S. 99) nach G. und Suidas s. v. δυστράπελος (B. I, 1, S. 1485) will, halte ich für überflüssig. Ob es ein εὐτράπελον oder δυστράπελον ὄρυγμα giebt, weiss ich nicht; ich lese: καὶ δυστράπελον πρᾶγμα, τὸ οὐκ εὐδιάλυτον: cf. das Fragment bei Athen IX, 408, a (S. 240 ed. Mein.):

> καὶ πρᾶγμά γ' ἠρώτα με δυστράπελον πάνυ
> ἔχον τε πολλὰς φροντίδων διεξόδους.

S. 257, v. 927. Ὠδ' ἐξανύσειν] τοῦ καινίσειν.

⟨Οὕ⟩τω καινίσειν?

S. 258, v. 998, 2 ff. Τὸ δὲ ὡς θεοῦ ἤτοι ὡς ἀπὸ θεοῦ ἢ ὥσπερ θεοῦ· τοῦτο δὲ πρὸς τὴν φήμην μόνον, ἐπεὶ γίνεται βλάσφημον διὰ τῶν ἑξῆς.

Ich würde es verstehen, wenn gelesen würde: ὡς περὶ θεοῦ.

S. 260, v. 1043. Ἐξίκοιτ' ἀνήρ: πιθανῶς πάρεστιν ὅτι οὐ συμπαθήσων πάρεστιν· οὐκ ἀργῶς δὲ τοῦτο, ἀλλ' ὥσπερ προπαρασκευάζων τὸν Τεῦκρον.

Der Sinn des Scholions ist leicht zu errathen; es soll heissen: „der Chor giebt Teukros zu verstehen, dass Menelaos οὐ συμπαθήσων πάρεστιν", also: πιθανῶς παρίστησιν (= παριστᾷν) ὅτι οὐ συμπ. πάρεστιν κ. ἑ.

S. 264, v. 1205 —: καὶ ἄκαιρον μὲν περὶ ἔρωτος μεμνῆσθαι ἐν τοῖς παροῦσιν, ὅμως καὶ ἀκολουθίαν πρὸς τὰ προκείμενα.

Schr.: ὅμως κατ' ἀκολουθίαν πρὸς τὰ προκ. Anders Hermann, Wunder und Dindorf.

Philoktetes.

S. 277, v. 199, 3. Ὡι λέγεται] ᾧ χρόνῳ.

Vielmehr: ᾧ: χρόνῳ.

S. 279, v. 284. Τούτου τοῦ ἀνιᾶσθαι.

Vielmehr: τούτου: τοῦ ἀνιᾶσθαι.

S. 279, v. 297. Ἄφαντον] ἀπροσδόκητον. Ἀλλὰ καλῶς εἶπεν ἄφαντον· οὐ φαίνεται γάρ, ἀλλὰ δυνάμει αὐτὸ ἔχει.

Man sieht, es liegen zwei verschiedene Erklärungen vor; also: ἀπροσδόκητον. Ἄλλως. Καλῶς κ. ἑ.

S. 279, v. 316. *Ἀντίποινα*] *ἀμοιβαῖα*.

Nach *ἀμοιβαῖα* giebt G. (B. II, S. 106): *ἀντὶ τοῦ τιμία ῥήματα*. Dindorf will *τίμια* schreiben, womit wir nichts gewonnen haben, denn was kann *τίμια ῥήματα* als Erklärung von *ἀντίποινα* besagen? Schreibe: *ἀντὶ τοῦ τιμωρήματα*.

S. 282, v. 445, 4 ff. *Διὸ ὀργισθεὶς ὁ Ἀχιλλεὺς κονδύλοις αὐτὸν ἀνεῖλεν· ἐλέγετο γὰρ ὅτι καὶ μετὰ θάνατον ἐρασθεὶς αὐτῆς συνεληλυθέναι*.

Ich lese *συνελήλυθεν*: der Abschreiber glaubte *συνελήλυθε'* d. h. *συνεληλυθέναι* vor sich zu haben.

S. 286, v. 598. *Τίνος πράγματος χάριν οὐ διὰ τοσούτου χρόνου — φροντίδα ἐποιήσαντο τοῦ Φιλοκτήτου οἱ Ἀτρεῖδαι, τοῦ πάλαι ἐξ αὐτῶν ἀποβληθέντος;*

Wie ich im I. Theile bemerkte, ist ohne Zweifel: *τίνος — χάριν οὕτω κ. ἑ.* zu schreiben. Viele Beispiele für die Verwechselung zwischen *οὐ* und *οὕτω* findet man bei Bast comm. palaeogr. S. 828. Cobet Var. lect. S. 379. Coll. crit. S. 118. 165. Das Compendium des Wortes *οὖ* (auch *ου*; cf. Etym. M. p. 308, 27) führte die Abschreiber oft irre; von unseren Scholien erwähne ich: Elektr. v. 62, 9 (*οὕτως* st. *οὐ*), Oed. auf Kol. v. 123 (*οὐ* st. *οὕτω*), 512, 2. Im Schol. Oed. Tyr. v. 892, 2 finden wir *οὖ* st. *οὕτως*.

S. 286, v. 639. *Ἐπειδὰν πνεῦμα τοὐκ πρῴρας*] *ἐὰν παύσηται ὁ ἄνεμος ἐναντιούμενος*.

Ἄῃ] *παρῇ*.

Die v. 639—640 lauten in L.:

> *οὐκοῦν ἐπειδὰν πνεῦμα τοὐκ πρῴρας ἄῃ,*
> *τότε στελοῦμεν· νῦν γὰρ ἀντιοστατεῖ.*

St. *ἄῃ* schreiben die Herausgeber nach Piersons Vermuthung *ἀνῇ*; der alte Scholiast wollte offenbar nicht *ἄῃ* lesen, aber auch nicht *ἀνῇ*: vielmehr glaube ich mit Wolff de Soph. schol. S. 68, dass jene interlinearis Glossa *παρῇ* (von *παρίημι*), die von Elmsley als Erklärung von *ἄῃ* (von *παρεῖναι*) aufgefasst wurde, eine Variante ist, die der Scholiast richtig durch *παύσηται* erklärt. Ich kann die Ansicht Dindorfs (B. II, S. 108) nicht theilen, wonach in unserem Scholion: „*Ἄῃ*] *πνέῃ* ex G." zu schreiben sei; denn der Scholiast des jüngeren Codex hat in der That *ἄῃ* gelesen, wie aus folgender Bemerkung hervorgeht: *διανυκτερεύσῃ, ἠρεμήσῃ· ἀπὸ μεταφορᾶς τῶν κοιμωμένων, ὡς καὶ Ὅμηρος νύκτα κακὴν ἄεσαν ἀντὶ τοῦ ὕπνοις ἠρέμησαν*.

ὑπνώσαντες?

S. 291, v. 814. *Διὰ τοῦτο νῦν ἔοικεν ὁ Φιλοκτήτης παραφρονεῖν ὑπὸ τῆς νόσου*.

Schr.: *διὰ τούτου*.

S. 291, v. 830, 2 ff. *Τοιαύτην δὲ αἴγλην, ἥτις νῦν τέταται, ἀντέχοις τὰ ὄμματα· λέγει δὲ τὸν ὕπνον τὸν λεγόμενον καὶ αὐτῷ παραχρῆμα κ. ἑ.*

Schr.: *ἀντέχ*ΟΙϹ ⟨ΕΙϹ⟩ *τὰ ὄμματα*. Was *λέγει δέ* u. s. w. betrifft, so kann ich eine auf Wahrscheinlichkeit Anspruch machende Conjectur nicht aufstellen; worauf bezieht sich *αὐτῷ*? auf Philoktetes gewiss nicht, der im Schlummer liegt, also auf den Chor, der v. 832 sagt:

> *ἴθ' ἴθι μοι παιήων.*

Ist das Scholion lückenhaft, so vermuthe ich: *τὸν λεγόμενον καὶ ⟨παιῶνα⟩ αὐτῷ --, ὡς ἔστιν αὐτῷ αἴγλη καὶ φῶς*.

S. 296, v. 1001. *Κρᾶτ' ἐμὸν κ. ἑ.*: *πρὸς τῇ πέτρᾳ ἐναιμάξω τὴν κεφαλήν μου κ. τ. λ.*

Das Verbum *ἐναιμάσσω*, welches von dieser Stelle in die Lexika gekommen ist, scheint von dem Scholiasten gebildet zu sein; der betreffende Vers lautet:

> *πέτρᾳ πέτρας ἄνωθεν αἱμάξω πεσών·*

der Grammatiker hat sich vielleicht bei der Interpretation von ΑΝΩΘΕΝΑΙΜΑΞΩ des W. *ἐναιμάξω* bedient, indem er die Wörter falsch getrennt hat, ohne am Anfang auf *ἄνωθεν* Rücksicht genommen zu haben. Cf. Trach. v. 460, wo ΑΝΗΡΕΙϹ (*ἀνὴρ εἷς*) als *ἀνήρεις* (= *ἀνάνδρους παρθένους*!), 896, wo ΑΝΕΟΡΤΟϹ (*ἀ νέορτος*) als *ἀνέορτος*, Ai. v. 212 wo ϹΤΕΡΞΑϹΑΝΕΧΕΙ (*στέρξας ἀνέχει*) als *στέρξασαν ἔχει*, 579, wo ΔΩΜΑΠΑΚΤΟΥ (*δῶμα πάκτου*) als *δῶμ' ἀπάκτου* (!) (= *κατὰ τῶν σκηνῶν ἄπαγε*!!), 620, wo ΠΑΡΑΦΙΛΟΙϹ (*παρ' ἀφίλοις*) als *παρὰ φίλοις*, 1056, wo ΕΛΟΙΔΟΡΕΙ (*ἕλοι δόρει*) als *ἐλοιδόρει* (= *λοιδορούμενος ἐπηγγείλατο*) aufgefasst wurden.

S. 298, v. 1099. *Εὖτέ γε παρὸν φρονῆσαι: ὅτε γε παρόντος σοι σωφρονῆσαι τὸ λυσιτελὲς ἀπὸ πλείονος δαίμονος, τὸ κάκιον εἵλου, τὸ μὴ ἐλθεῖν. Πλείονος δὲ δαίμονος λέγει τοῦ λυσιτελεστέρου καὶ συμφόρου*.

Das Scholion bedarf eines zweiten; v. 1099—1100 lauten:

> *εὖτέ γε παρὸν φρονῆσαι*
> *τοῦ λῴονος δαίμονος εἵλου τὸ κάκιον ἑλεῖν.*

Nach der Ansicht der Alten ist die Construction, wie es

scheint, folgende: τίπτέ γε παρὸν φρονῆσαι ἑλεῖν τοῦ λῴονος δαίμονος, τὸ κάκιον εἵλου; ἑλεῖν τοῦ λ. δ. wird durch ἀπὸ πλ. δαίμονος erklärt, falls nicht ἑλέσθαι, wenn wir dies Wort nicht aus dem folgenden εἵλου nehmen wollen, nach λυσιτελές ausgefallen ist, also: ὅτι γε παρόντος σοι φρονῆσαι (mit Herm. st. σωφρονῆσαι) τὸ λυσιτΕΛΈϹ ⟨ΕΛΈϹΘαι⟩ (= ἑλέσ᾿) ἀπὸ πλ. δαίμονος. τὸ κάκιον εἵλου.

Wahrscheinlich scheint mir die Vermuthung Bruncks λῴονος st. πλείονος; denn dass der Scholiast etwa πλέονος im Texte vorfand, wie viele Herausgeber meinen (auch Wolff de schol. S. 82, und Pauli Jahresb. S. 10), ist ungewiss; das zweite πλείονος rührt wahrscheinlich von einem zweiten Grammatiker her, welcher es beibehielt, nachdem im ersten Scholion einmal πλείονος st. λῴονος gelesen wurde.

S. 310, v. 1162. Βιόδωρος αἶα] ἡ τοὺς βία δωρουμένη ἤτοι τὰ πρὸς τὴν ζωὴν χρήσιμα. G. B. II, S. 113.

Βίους? Mit Hilfe dieses Scholions können wir die noch unverbesserte Stelle im Schol. Odyss. λ. v. 309 (B. II, S. 502, 22) corrigiren: ζείδωρος ἄρουρα] ἡ τὰ ΤΙΝὸς ζωὴν δωρουμένη γῆ; schr.: ἡ τὰ ΠΡὸς ζωὴν δωρ. γῆ. Cf. Hesych. B. II, S. 255 s. v. ζείδωρος: βιόδωρος. ἡ τὰ πρὸς τὸ ζῆν δωρουμένη γῆ und Etym. M. p. 410, 4: ζείδωρος ἄρουρα: — ἡ τὰ πρὸς τὸ ζῆν δωρουμένη. und Suidas B. I, 1 S. 717 s. v. ζείδωρον: τὴν τὰ πρὸς τὸ ζῆν δωρουμένην.

Elektra.

S. 311, v. 78. Καὶ μὴν θυρῶν ἔδοξα: θαυμαστῶς ὁ γέρων οὐκ ἐπιβέβηκεν τῷ ἀληθεῖ . . . δὲ ἀποστῆσαι βουλόμενος τὸν Ὀρέστην προσπόλων τινός φησιν.

Vor δέ giebt L. τl, welche tachygraphische Abkürzung Elmsley nicht erklären konnte; Dindorf bemerkt darüber B. II, S. 117: „Quod ante δέ in L. legi compendium annotavit Elmsleius, nihil aliud est quam τινές —, idque plene hic scriptum est in G., qui mox om. τὸν Ὀρέστην et τινός“. Was wird aber: θαυμαστῶς — οὐκ ἐπιβέβηκεν τῷ ἀληθεῖ· τινὲς δὲ ἀποστῆσαι βουλόμενος κ. ἑ. bedeuten können? Ist es möglich, den Satz: τινές — φησιν als ein Scholion eines zweiten Grammatikers zu fassen? Ich glaube nicht; denn es ist klar, dass durch das Folgende die Behauptung θαυμαστῶς — οὐκ ἐπιβ. τῷ ἀληθεῖ erklärt werden, dass uns gesagt werden soll, worin eigentlich jene θαυμαστότης

besteht. Daraus geht hervor, dass jenes τl nicht τινές sein kann, wie es an anderen Stellen (v. 102, 1. B. II, S. 118, v. 232, 1) der Fall ist; bei solchen Fällen kann bloss der Zusammenhang den Ausschlag zur richtigen Auffassung der Compendien geben; ich vermuthe: θαυμαστῶς — οὐκ ἐπιβ. τῷ ἀληθεῖ. τοῦτον δὲ ἀποστῆσαι βουλ. τὸν Ὀρ. προσπόλων τινός φ. Cf. die Schol. v. 80 und 82.

Was Wunder ed. S. 11 schrieb, verstehe ich nicht.

S. 314, v. 125. Ματρὸς ἁλόντ' ἀπάταις] μητρὸς ἁλόντα πληγαῖς. v. 126. Ὡς ὁ τάδε πορών] λίαν αἰδήμων ὁ χορός, ὃς ἐπὶ τὸν Αἴγισθον τρέπει τὴν αἰτίαν.

Statt ὡς ὁ τάδε πορών] giebt L., wie Elmsley bemerkt, das Lemma ματρὸς ἁλόντ' ἀπάταις; also: v. 125. Ματρὸς ἁλόντ' ἀπάταις: μητρὸς κ. ἑ. v. 126. Ὡς ὁ τ. πορ.] λίαν κ. τ. λ. Aehnliche Metathesen der Lemmata sahen wir im Schol. Oed. Tyr. v. 130.

S. 319, v. 219. Τὰ δὲ τοῖς δυνατοῖς οὐκ ἐριστά: τοῖς κρατοῦσιν οὐ δι' ἔριδος δεῖ εἰς ταῦτα προσπελάζειν —, οὐχ οἷόν τέ σε ἐρίζειν τοῖς δυνατοῖς —, ἃ πράττεις, οὐκ ἐριστὰ τοῖς κρατοῦσίν ἐστι, τουτέστι τοῖς περὶ τούτων φιλονεικίαν πρὸς τοὺς κρατοῦντας ποιεῖσθαι ἀσύμφορον.

Brunck schrieb: τουτέστι τὴν περὶ τ. φιλ. κ. ἑ., welches Wunder und Hermann billigen; mir gefällt der Artikel τὴν nicht; ich würde vorziehen τοῖς zu tilgen, welches nach den vorhergehenden τοῖς δυνατοῖς — τοῖς κρατοῦσιν — τοῖς δυνατοῖς — τοῖς κρατοῦσιν wiederholt werden konnte. Cf. m. Bem. Oed. auf Kol. v. 489.

S. 319, v. 226. Τίνι γάρ ποτ', ὦ φιλία: παρὰ τίνος γὰρ ἂν ἀκούσομαι τὰ συμφέροντα ἢ παρ' ὑμῶν τῶν συνοίκων κ. ἑ.

„Ἂν recte om. G.“ Dind. B. II, S. 121. Vielleicht ist ἂν aus dem Lemma in das Scholion gekommen: τίνι γάρ ποτ' ἄν, ὦ φιλία: παρὰ τίνος γὰρ ἀκούσομαι τὰ συμφ. Die v. 226—228 lauten in L.:

τίνι γάρ ποτ', ὦ φιλία γενέθλα,
πρόσφορον ἀκούσαιμ' ἔπος κ. ἑ.

Nach ποτ' liess der Abschreiber das nöthige ἂν aus, welches aus vielen Apographa hergestellt worden ist. Trifft meine Ansicht das Richtige, so vermehrt sich die Zahl der Scholien, welche uns zur Verbesserung des Textes in L. helfen können, um eine; irre ich mich, so würde ich vorziehen zu schreiben: παρὰ τίνος — ἂν ἀκούσαιμι κ. ἑ.

S. 320, v. 239. *Μή εἴη μοι ταύτης τιμῆς τὸ τοὺς γονέας μὴ μέχρι παντὸς ὀδύρεσθαι.*

Μήτ' εἴην ἔντιμος τούτοις] — *μὴ θέλοιμι ἔχειν τιμὴν ὑπὸ τούτων, μηδέ, εἰ συνοικῶ χρηστῷ ἀνδρί, ζηλώσαιμ' ἂν τὰ ἐκείνου —, κατέχουσα τοὺς ἐπὶ τῷ πατρὶ γόους. Κ. ἑ.*

v. 240, 2. *Μήτ' εἴ τῳ πρόσκειμαι χρηστῷ: μήτε, εἴ τινι — χρηστῷ πρόσκειμαι φίλῳ, συνοικοίην εὔκηλος, οἷον, μηδὲ εἰ ἀγαθός τίς ἐστιν, ᾧ ἐγὼ πρόσκειμαι, μηδὲ τούτῳ συνοικοίην εὖ, ζηλοῦσα αὐτῷ καὶ ἀποδεχομένη —' μήτε οὖν αὐτὴ γενοίμην, μήτε ὁ ξυνοικῶν μοι τοιοῦτος εἴη, ζηλοίην τὰ ἐκείνου, ὥστε καταφρονεῖν τῶν γονέων.*

Im ersten Scholion scheint mir *μὴ εἴη μοι ταύτης τιμῆς* bedenklich; die richtige Lesart möge ein anderer finden. G. (B. II, S. 122) giebt zum v. 240: *μὴ εἴη μοι ταῦτα τιμᾶν μέχρι τοῦ παντὸς — ὀδύρεσθαι*, wo *μή* vor *μέχρι* hinzuzufügen ist; ein jüngeres Scholion (B. II, S. 250, 29 ff.) lautet: — *μὴ εἴη μοι ταῦτα διὰ τιμῆς*; in L. würde ich entweder *μὴ εἴη μοι τοιαύτης τιμῆς τὸ κ. ἑ.*, oder *μὴ εἴη μοι ταῦτα (= ταύτ) ἐμῆς. τό κ. τ. λ.* schreiben; das benachbarte *τιμῆς* kann die Auflösung in *ταύτης* st. *ταῦτα* veranlasst haben.

Im zweiten Scholion ist *ἂν* nach *ζηλώσαιμ'* fälschlich eingeschoben, während doch *μὴ θέλοιμι* vorhergeht und im Schol. v. 240 *συνοικοίην — συνοικοίην — γενοίμην — ζηλοίην* heisst.

Im dritten Scholion möchte ich schreiben: *μηδὲ τούτῳ συνοικοίην εὐ<ΚΗΛΟC> ΖΗΛΟΥCα <τὰ> αὐτοῦ κ. ἑ.*, wie am Ende *ζηλοίην τὰ ἐκείνου* heisst; der Abschreiber fand *αὐ* vor; so steht Ai. v. 384, 4 *αὐτοῦ* st. *αὐτῷ*. Trach. v. 1, 13 *αὐτὸν* st. *αὐτοῦ*. Oed. auf Kol. v. 42, 6 *αυ* st. *αὐτῆς*. Elektr. v. 267, 4 *αὐτοῦ* st. *αὐτῷ*.

Gleich darauf hätte der Herausgeber die Verbesserung der Romana aufnehmen sollen: *μήτε — αὐτὴ γενοίμην, μήτε <εἰ> ὁ ξ. κ. ἑ.*

S. 322, v. 303. *Γρ. ἐγὼ δ' Ὀρέστην προσμένουσ' ἀεί ποτε.* Im Texte steht:

> *ἐγὼ δ' Ὀρέστην τῶνδε προσμένουσ' ἀεὶ*
> *παυστῆρ' ἐφήξειν ἡ τάλαιν' ἀπόλλυμαι.*

Ueber die Variante cf. Dind. ed. S. 44 und Pauli *de schol. vau*

S. 35. Vielleicht hat sich der alte Kritiker zu der Conjectur veranlasst gefühlt durch v. 811:

> *σὲ πατρὸς ἥξειν ζῶντα τιμωρόν ποτε*

und 953:

> *φόνου ποτ' αὐτὸν πράκτορ' ἵξεσθαι πατρός.*

S. 324, v. 369. *Ἡ μὲν γὰρ σμικρά, ἡ δὲ ἀνειμένη.*

Σμικρά zur Bezeichnung des Charakters und des Muthes der Elektra im Gegensatze zu der *ἀνειμένη* Chrysothemis ist sinnlos; Elmsley schrieb *αὐστηρά*; wahrscheinlich stand ein *αὐστηρότερον* Prädikat, z. B. *σιδηρᾶ*, welches auch paläographisch der Ueberlieferung näher steht.

S. 334, v. 702. *Ζυγωτῶν ἁρμάτων] οἷον ἀζύγων.*

Ich vermuthe: *ἐζευγμένων (= ἐζυγῶν).*

S. 342, v. 1040. — *ἀλυσιτελῆ γὰρ ἐπιχειρεῖς ποιεῖν.*

Nach *ποιεῖν* folgt ein Scholion (B. II, S. 130), welches Elmsley übersah: *εἶπεν ἀληθῆ ἁμαρτάνειν με κ. ἑ.* Es ist *εἶπες* zu schreiben.

S. 342, v. 1044. — *τοῖς δεινοῖς περιπεσοῦσα ἐπαινέσεις με σύμφορα σοι βουλεύσασαν.*

Σύμφορά σοι <συμ>βουλεύσασαν?

S. 345, v. 1137. *Ὅλα δὲ ἐπιτέταται τῷ πάθει διὰ τὸ παρεῖναι τὸν Ὀρέστην.*

In G. (B. II, S. 131) steht: *ὅλους δὲ ἐπιτ.*, was wohl in *ὅλως δὲ ἐπιτ.* zu ändern ist. In L. schreibe: *ὅλη δὲ* (sc. Elektra) *ἐπιτ.*

S. 345, v. 1146. *Οὐ γὰρ ἦς, φησί, τῆς μητρός ποτε ἢ καὶ ἐμοῦ μᾶλλον, ἵνα ἐπὶ τοῦ ἦσθα διαστείλωμεν· οὐκ ἦσθα τῆς μητρός, ἀλλὰ μᾶλλον καὶ ἐμοῦ, οἷον, ἐγώ σοι μᾶλλον ἤμην μήτηρ ἤπερ ἡ Κλυταιμνήστρα· τὸ δὲ φίλος ἀντὶ τοῦ ὄφελος. Ἄλλως. Οὐκ ἦς τῆς μητρὸς φίλος μᾶλλον ἢ ἐμοῦ, ἀντὶ τοῦ, οὐ τῇ μητρὶ προσέκεισο μᾶλλον κ. ἑ.*

Ich wage nicht zu behaupten, dass die Alten in dem betreffenden Verse *φίλος* durch *ὄφελος* erklärt haben und schlage ich vor: *ἀντὶ τοῦ, ὦ φίλος.* Damit mein Verbesserungsvorschlag klar werde, führe ich die v. 1145—1147 an, wo Elektra, das vermeintliche Loos ihres Bruders beklagend, sagt:

> *οὔτε γάρ ποτε*
> *μητρὸς σύ γ' ἦσθα μᾶλλον ἢ κἀμοῦ φίλος,*
> *οὔθ' οἱ κατ' οἶκον ἦσαν κ. ἑ.*

Der erste Scholiast meint, die Worte seien folgendermassen zu construiren: *οὔτε γάρ ποτε μητρός σύ γ' ἦσθα μᾶλλον ἢ κἀμοῦ* = *οὐ γὰρ ἦς τῆς μητρός, ἀλλὰ μᾶλλον καὶ ἐμοῦ* — *ἐγώ σοι μᾶλλον ἦμην μήτηρ ἢ ἡ Κλυταιμνήστρα*; zur Interpretation blieb doch noch ein Wort übrig, das W. *φίλος*; dies fasste also der Grammatiker zwischen zwei Kommata als einen Anruf der Elektra auf den vermeintlich gestorbenen Orestes auf und konnte es selbstverständlich nicht anders als *ὦ φίλος* erklären; denn was würde *ὄφελος* zwischen zwei Kommata bedeuten? der zweite Erklärer verbindet die Worte richtig, seine Interpretation aber ist absurd.

Die schlechte Lesart *ὄφελος* st. *ὦ φίλος* überkam Suidas B. I, 1, S. 1488 s. v. *φίλος*.

S. 345, v. 1163. *Ὡ μ' ἀπώλεσας*; *τὸ ὦ ἀντὶ τοῦ ᾗ, ἐν ᾗ με ἀπώλεσας*. G. B. II, S. 131.

So auch bei Jahn S. 85; Dindorf bemerkt: *ὦ* bis male pro *ὡς*: die Erklärung *ἐν ᾗ* beweist, dass der Scholiast *ᾧ μ' ἀπ.*: *τὸ ᾧ ἀντὶ τοῦ ᾗ, ἐν ᾗ με ἀπ.* wollte. Die v. 1162–1163 lauten:

> *ὦ δεινοτάτας, οἴμοι μοι,*
> *πεμφθεὶς κελεύθους, φίλταθ', ὥς μ' ἀπώλεσας*

wer das Scholion schrieb, hat offenbar auch *κελεύθου* gelesen, welches L. von erster Hand bietet. Den Genetiv las auch Triklinios, dessen unglaublich absurde Interpretation sich in B. II, S. 377, 37 findet.

S. 346, v. 1240. *Ἡ μὲν γὰρ γυνή τε οὖσα καὶ ⟨παρὰ⟩ προσδοκίαν εὐτυχοῦσα θρασυτέρα —, ὁ δὲ ἀσφαλής.*

Cod. G. giebt B. II, S. 131: *καὶ προσδοκῶσα εὐτ.*, was meiner Ansicht nach in *καὶ ἀπροσδοκήτως* (= *ἀπροσδοκῶς*) *εὐτυχοῦσα* zu ändern ist.

Index
der behandelten Stellen.

		Seite			Seite
[illegible]	1, 14	64	Sophokl. Schol. Aias	512	75
	7	65	„	520	76
	29	65	„	572	76
	112	65	„	603	76
	122	4	„	716	26
	122	65	„	730	33
	129	66	„	913	77
	148	67	„	927	77
	151	67	„	998	77
	172	67	„	1043	77
	188	68	„	1205	77
	262	68	Trach.	199	77
	289	69	„	284	77
	411	69	„	297	77
	592	69		316	78
	639	69		445	78
	653	26		453	10
	826	65		598	78
	831	69		598	18
	868	70		659	78
„	903	70		778	12
„	907	70		814	79
„	962	70		830	79
„	1126	70	„	1001	79
„	1179	70	„	1099	79
„	1228	71	„	1162	80
Aias	1	71	Elektr.	78	80
„	2	71		125	81
„	11	71		219	81
„	23	71		226	81
„	27	23		239	82
„	136	72		240	82
„	148	71		303	82
„	158	11		369	83
„	191	73		445	28
„	194	73		702	83
	202	73		706	18
	245	74		865	56
	264	74	„	1040	83
	287	74	„	1041	83
	297	74	„	1137	83
	384	75	„	1146	84
	392	75	„	1163	84
	405	75	„	1240	84
	485	75	Suidas s. v. ἀκτοινοι		57

Errata.

S. 4, Z. 5 v. u. lies: Oxforder. — S. 4, Z. 12 v. u. lies: von ihm zu verlangen. — S. 13, Z. 12 v. u. muss es heissen: das Comp. π (= περί) wurde sehr häufig von den Abschreibern als ἴ aufgefasst, welches zur Bezeichnung des W. ἐπί diente. — S. 15, Z. 1 v. u. schr.: προσελθόντα. — S. 17, Z. 18 v. u. ist δέ (im Schol. von G.) auszutilgen.

S. 20, Z. 8 v. u. schr.: παρατίζει. — S. 25, Z. 4 v. o. lies: ἴφ. — S. 48, Z. 5 v. u. schr.: denselben. — S. 54, Z. 7 v. u. schr.: ἀκόλουθος;

S. 57, Z. 16 v. o. schr.: ῥᾳδι. — S. 61, Z. 8 v. u. lies: ἴρμῳν. — S. 62, Z. 1 v. o. schr.: 255. — S. 66, Z. 16 v. u. st. r schr.: m. — S. 67, Z. 13 v. u. schr.: 154 st. 145. — S. 75, Z. 16 v. o. lies: τινὰς ἀντλῶν ἀντλῶν auch G.)